从容淡定过一生

李叔同传 + 人生哲学

谢坤柔　蜀倩 ╱ 编著

中国华侨出版社

·北京·

　　他是一个完美的演员，更是一个完美的设计者。

　　如若人生是折子戏，那么他不仅站到了舞台中央，做了声色俱佳的主角，而且掌控了舞台的布景、道具，甚至戏剧情节的走向都由他亲自设定。

　　水穿过平原，跃上高山，跌落低谷，最终抵达大海。他走过风流倜傥的锦瑟年华，风光无限，而后犹如落叶归根般，洗尽铅华，回归自我与本心，最终渡到彼岸。

　　父亲给他取名为李叔同。童年时，母亲唤他的乳名——成蹊；风月场中，他告诉美人他名为惜霜；求学途中，他给自己取名为李广平；漂洋渡海后，他时而称自己李哀，时而唤自己李岸。每一个名字，都是一份心境，都是戏剧中的特定角色。名字随时可改，场景随时可换，一切都由自己决定。

　　姹紫嫣红看遍后，他忽地有些倦了。红尘中熙熙攘攘，谄媚的笑，美人的脸，说过就忘的誓言，把酒对月的唱和，忽明忽暗的灯火，他置身人群中仍感孤寂。盛年已过，牡丹将谢，心在风中流浪。他不允许自己狼狈地度过余生，于是几经挣扎，几度寻觅，终寻到了灵魂的归宿。当众人还在红尘中兜兜转转时，他已经完成了华丽的转身。先前那些名字，那些身份，他没有遗弃，更不曾回避，而是将其寄存在平行时光中，任其在风中飘荡。

发丝纷纷扬扬落下时，李叔同变为弘一法师。从此之后，他对一切都有了新的阐释。爱，不再是俗世之爱，而是慈悲之爱：前者是虚妄，转瞬即逝；后者惠及万物，永恒不变。生命，不以死为界，肉身可消殒，灵魂则不朽。修行之路，漫长而曲折，它不在脚下，而在心间，它无终点可言。

每一步，他都用力、用情、用心在走。每一个场景，都经过精心设计。每一句台词，都是删了又改，却自然至极。最终，梦境与现实趋同，身躯与灵魂同步，感悟与行动渐深。他在有限的生命里，设计并演出了一场毫无破绽，无法超越的无限人生。

临终时，他为自己演出的折子戏下了这样一个定义：悲欣交集。意即欢乐与悲伤交织，满足与遗憾并存，得到与失去毗邻。

目录

CONTENTS

上篇 李叔同传

● 第一章

懵懂：锦瑟华年谁与度

家世显赫 004

幼年失怙 007

以兄为父 010

情迷梨园 013

萧郎陌路 017

● 第二章

初梦：秋风走马出咸阳

红烛有泪 022

远离津门 025

沪上初度 028

文名渐盛　031

诗画唱酬　034

第三章

历练：蓝田日暖玉生烟

故园梦碎　038

公学淬炼　041

吟风弄月　044

痛失慈母　047

游学东瀛　051

第四章

漂泊：梦里不知身是客

醉心话剧　056

异国之恋　059

钻研音画　062

重回故里　066

家业凋零　069

第五章

求索：江春不肯留行客

教书办报　074

砥砺艺术　077

执教杭州　080

惊世骇俗　084

左支右绌　087

第六章

空门：庄生晓梦迷蝴蝶

虎跑断食　092

勘破红尘　095

法号弘一　098

潜心修行 …… 101

安然持戒 …… 105

● 第七章

修持：心底清静方为道

掩关治律 …… 110

渡过死劫 …… 113

得拜高僧 …… 116

参透真味 …… 120

了却前尘 …… 123

● 第八章

落幕：留得残荷听雨声

弘法四方 …… 128

心静如水 …… 131

下篇　李叔同的人生哲学

再历生死 …… 134

晚晴终暮 …… 137

天心月圆 …… 140

● 第一章

情操：名士风范影随身

真名士，自风流 …… 148

谦谦君子范 …… 149

看淡生死 …… 150

视钱财如粪土 …… 152

切断名利心 …… 153

不做应酬和尚 …… 154

第二章

治学：要做就做最好

做事须严谨 ⋯⋯⋯⋯⋯⋯⋯⋯⋯⋯ 156
先器识而后文艺 ⋯⋯⋯⋯⋯⋯⋯ 157
决定了就义无反顾 ⋯⋯⋯⋯⋯⋯ 158
虔诚拜师 ⋯⋯⋯⋯⋯⋯⋯⋯⋯⋯⋯ 159
以身作则教后学 ⋯⋯⋯⋯⋯⋯⋯ 160
要做就做得彻底 ⋯⋯⋯⋯⋯⋯⋯ 161

第三章

修身：严于律己，宽以待人

提携与感恩 ⋯⋯⋯⋯⋯⋯⋯⋯⋯⋯ 164
以诚动人 ⋯⋯⋯⋯⋯⋯⋯⋯⋯⋯⋯ 165
宽以待人 ⋯⋯⋯⋯⋯⋯⋯⋯⋯⋯⋯ 166
自知心是佛 ⋯⋯⋯⋯⋯⋯⋯⋯⋯⋯ 167

常以戒为师 ⋯⋯⋯⋯⋯⋯⋯⋯⋯⋯ 169

第四章

气节：有格品自高

念佛不忘救国 ⋯⋯⋯⋯⋯⋯⋯⋯ 172
不用外国货 ⋯⋯⋯⋯⋯⋯⋯⋯⋯⋯ 173
人格的力量 ⋯⋯⋯⋯⋯⋯⋯⋯⋯⋯ 174
平等待众生 ⋯⋯⋯⋯⋯⋯⋯⋯⋯⋯ 175
以身护佛 ⋯⋯⋯⋯⋯⋯⋯⋯⋯⋯⋯ 176
遗嘱展现的高风亮节 ⋯⋯⋯⋯⋯ 177

附录

李叔同年表 ⋯⋯⋯⋯⋯⋯⋯⋯⋯⋯ 180
李叔同经典诗文选 ⋯⋯⋯⋯⋯⋯ 190
李叔同信札精选 ⋯⋯⋯⋯⋯⋯⋯ 208

上篇　李叔同传

第一章

懵懂：锦瑟华年谁与度

家世显赫

天津粮店后街六十号，是一座古意盎然的四合院。宅院中间有一间新式洋书房，窗子格外雅致，装有两层玻璃，且缀着一层纱。顺着洋房向前走，有一座名为"意园"的园林。每至春日，西府海棠、红枝蔷薇以及翠绿秀竹让园子风雅备至，摇曳生姿。夏日正逢石榴花开，微风起时，一只蜻蜓便会攀上刚刚绽开的荷花。站在庭院中，隔着海河，可望见对岸的天津古文化街，天后宫与玉皇阁威严耸立，钟鼓楼与六角亭熠熠生辉。

在这般气势与雅致兼具的庭院里，住着的便是桐达李家，纵然此处并非李叔同出生之地，却寄存着李叔同的年少时光。

百年易逝，宅子已然作古，为了惦念与缅怀，此处修葺一新后，作为李叔同故居，迎来了络绎不绝的参观者。

万事皆空，一切如云似雾，美好之人与美好之事都脆弱且短暂，人们却偏偏喜欢追逐水中之月，镜中之花。说不清人生如戏，还是戏如人生，但人们却演得如此认真。生旦净末丑，无论自己扮哪一个角色，都是技艺纯熟的演员。李叔同已经逝去八十年有余，但他撒落的琼瑶玉屑，终究随着时间之河，抵达你我之岸。只是，后世有心人，循着他那婉曲的足迹，读着他那美感与智慧并存的字句，不知是梦是醒。

到头来，无论故事内外，痴人终究会悟到，万境归空。然而，化为虚无又何妨，这一趟亦步亦趋的追寻，已然成全了美的历程。于是，那些旧事，不妨重提；那些故地，不妨重游。

清末之时，大清帝国仍尊崇自己为天朝上国，物阜民丰，文治教化，衣冠器具，无不丰盈，当朝统治者自然认为无须同外国互通有无，于是关起门来在自己酿造的美酒中醉得醺醺然。殊不知，昔日帝国将要成为隐没山中的夕阳，辉煌不过是回光返照的假象。

果然，道光二十年（1840年），英国的炮舰撞开了清朝的封建大门。短短二十载之后，距离皇城最近的天津，即被迫开埠通商。新旧思潮碰撞更迭，天津城一半是传统的市井风情，另一半是光怪陆离的花花世界。

天津市三岔河口，算得上是满街流金的繁华地段，南北运河与海河在此地交汇，长芦盐在这里集散。其东侧便是一条名为粮店后街的南北走向的马路，马路之东有条路家胡同，胡同东口二号，坐落着一座坐北向南的三合院，这即是李叔同出生之所了。

这般情景，与《红楼梦》中的贾宝玉又有何异。贾宝玉本是女娲补天余下的顽石，却投在了"诗礼簪缨之族，花柳繁华地，温柔富贵乡"，做了一场红尘之梦，醒来之后一无所有而去。李叔同在出生之时，亦是千人喜，万人宠，就连院中的那株老梅树，都越发苍劲。

光绪六年（1880年）九月，秋意渐浓。

熙熙攘攘的李家大院里，佣人们跑前跑后，大门外更是商贩云集，人们说这比逢年过节还要热闹。天亮之时，一声啼哭惊飞了落于梅枝的那只麻雀，置身于佛堂的李筱楼喜极而泣，连忙跪拜叩谢。

六十八岁的李筱楼一向沉稳有致，如今抱着被红绸子包裹的儿子，竟兴奋得有些茫然失措。盖一袭丝绵印花被的王凤玲，正值芳龄，不满二十，作为李筱楼的第四房太太，第一次在这座宅院里找到了存在感，她温柔地提醒着李筱楼该给孩子取个名字。李筱楼的目光始终未曾离开手中的婴儿，略加思索，便为儿子起名为李文涛，字叔同。

王凤玲喃喃地念着叔同，叔同，心里只是欢喜，却无法预知他将会走上怎样的道路，得到一个怎样的结局。忽而，秋风掀起纱帘的一角，王凤玲看到一枚花瓣落于窗上，心中又涌起万千悲伤，这个孩子长大后，想必会有人在背后说他不过是庶出，是小妾之子。她想一辈子护着这个孩子，却知晓造化弄人，有些事强求不得，漫漫人生路，终究要由他亲自去走。

"老爷，再为他取个乳名吧。"王凤玲的声音中，已带了些许泪意。

"'桃李不言，下自成蹊'，乳名就叫'成蹊'吧。"

万事皆有源头，顺流而下，总会觅见枝叶与繁花，而后渐渐走向苍凉与萧瑟。

在那个任外人欺凌的时代里，比时局更乱的是人心。

同治四年（1865年），李筱楼考中进士，曾担任吏部主事，但战火不熄，人心不宁，不消几年，他便辞去官职，承父业经商，一心操持家中生意，经营盐业，锦绣绸缎，珍珠白玉，后又创办了"桐达"等几家钱铺。家中终日沸沸扬扬，热闹异常，阳光拂在脸上，让人觉得这场繁华盛会永远不会结束。

李叔同三岁那年，父亲又在老宅附近的山西会馆斜对过购置了一座豪宅，即天津粮店后街六十号。这座豪宅依街而建，大门为"虎座"门楼，其上挂着"进士第"匾额，门楣上的百寿图镂刻砖雕，精致而大气。过道里挂着"文元"匾额，威严气派，大而方正。这样的宅院，在天津这座开放的城市里，真算得上是一道耀眼的景观。

搬迁之日，李筱楼邀请了津门各界名流，甚至奥地利公使和公使夫人都专程前来赴宴。时人说起桐达李家，总会啧啧称赞，语气里满是艳羡与倾慕。

这段流光溢彩的时光，美则美矣，终究太过短暂，犹如天边的那一缕云彩，风一吹便散了。

静阔云空，变幻无常，未来已经为他而来，而他要做的，只是循着命运的指引，一步步走向彼岸。无论那里是真是幻，他都得虔诚地接受这一场生命恩赐。

幼年失怙

乐极生悲，人非物换，美好总会存留遗憾，幸福总要付出代价，尘寰之事向来如此。

光绪十年（1884年），秋风萧瑟，浓霜覆竹，静得没有一丝声响，唯有一只乌鸦栖息于枯枝之上，抖落了几声稀疏的啼鸣。

夜一寸寸变浓，李家大院仍是灯火通明，慌乱的脚步从李筱楼里屋至外屋，再至庭院，纷乱不堪。人人都知晓将要发生什么，却无人敢于点破。主事的仆人虽陆续请来名医，但怕是华佗再世也无力回天。

落叶渐渐铺满了整个庭院，清晨扫了，至黄昏时，又落了一地。这个秋天，终究要带走这座大宅院里的主人。

每个人自出生之日，便为死做着准备，时辰一到，无人幸免，或许这才是人生永恒的归宿，就如同落叶回归大地一样。

李筱楼深知此理，于是，在大限将至之时，他没有恐惧，没有不舍，没有悲伤，只是命车夫带着一封亲笔邀请函请僧徒深夜出寺，为自己做弥留前的助念。

法师们身披袈裟道袍，神态肃穆庄严，自有一种安然平和的气度。室内燃起的香烛，袅绕着升起香雾，在半空中腾起千姿万态。这虚无的香雾，在常人看来，不过一缕青烟，须臾便会消散；而在佛者眼中，便可包罗世态万象。

不太大的屋内，妻妾哭哭啼啼，心中满是天塌般的恐惧。唯有不满五岁的李叔同，非但未曾流下眼泪，反而听着萦绕在父亲耳边的诵经声，心缓缓地沉静下来。那诵经声似潺潺而流的蜿蜒溪水，又好似秋风拂过时的阵阵松涛，时而高昂，时而低沉。他的面容由起初的苍白渐渐转为红润，面对这啼哭的人群，不再忧惧，也不再害怕。

万事皆有秩序，开始有时，结束有时，得到有时，失去有时。红尘一梦，终究要醒来。

名门望族中，大红灯笼高高挂。深宅大院里，自然是妻妾成群。尘寰之梦中，李筱楼一生倜傥风流，除却正室姜氏，且有张氏、郭氏与王氏。姜氏之子文锦不幸夭折；张氏生有次子文熙，体弱多病；郭氏进李家大门多年，未传香火。是以，李筱楼又将王凤玲迎进家门。

王凤玲出嫁之日，天空空阔，一如她的心，没有寄托。蒙上盖头之时，噙在眼中的泪水，却始终未落。迎亲的队伍，长得没有尽头。鞭炮声响起，十八芳龄的她，仿佛一下子就到了垂暮之年。这终究是一条不归路。别的姑娘嫁给的是俊公子，她嫁给的是一个年迈老人，输了整个青春，得到了终生的寂寞。

生下李叔同那一天，是她一生中唯一的节日。只是，此后，李筱楼便几乎不再踏进她所在的厢房，终日参禅诵经。她的眼睛逐渐涣散，变得褐黄，像是尘土扬起时的颜色。

如今，王凤玲携着李叔同，站在姜氏、张氏与郭氏之后，看着她们的支柱如何一寸寸崩塌。李叔同觉得母亲的手，微微颤抖，僵硬如铁，凉彻似冰。

夕阳最后的弧度，沉入半江瑟瑟半江红的江水中。秋风骤然卷起，枯黄的叶子簌簌而落。李叔同看到父亲眼中闪过一丝光芒，像是天边的彩霞，有种格外耀眼的绚丽，却格外安然。父亲的目光扫过每一张痛哭的脸，而后摇摇头。贴身家仆凑近他的耳朵，轻声问，有何交代。他喘了口气，嘴角轻动。家仆随后高声传达：文熙继承家业，文涛以兄为父。

旋即，他眼中之光灰飞烟散，右手陡然垂在床榻。家眷犹如乌鹊陡然失去了良枝般扑通跪倒，泪如雨下。此刻，木鱼声敲起，空灵而清脆。李叔同没有哭，觉得这是一场神圣庄严的仪式。

白麻孝衣，像是一场不会化的雪，覆盖在李叔同身上。他与文熙一同跪在灵堂里，看着满是悲伤的人们，进来又走出。尚且年幼的他，并不知晓其中真意，当众人用哀怜的眼神看向他时，他只感到茫然无措。

按照父亲的嘱托，归天之后，灵柩在家需停驻七日，请僧人诵经，每日一班或三班。诵经之声弥漫萦绕，此起彼伏，让李叔同觉得，往生之路是一条极为神圣的道路。他趁旁人不注意时，就悄悄走出灵堂，拽拽母亲的衣襟，问这些是什么人，为何同我们不一样。母亲怔怔地回答，他们是出家人，自然和我们不同。

魂归西天，无牵无挂，李叔同认定父亲走得极为平和，况且又有僧人为其祈福，助亡魂升天，众人应当欢喜才是。只是红尘中人有太多欲望，不舍，是以总是无法看破。

吊唁之人，来来往往，络绎不绝。李筱楼是津门名流，这般情景并不让人意外。忽然之间，仆人小跑着给文熙传信，说贵客前来吊丧。还未来得及问明，直隶总督、北洋大臣李鸿章已然走进灵堂，尽管身着素服，依旧凛然威严。

点主事宜须得由尊贵之人执行，李鸿章最合适不过。白布铺就的公案上，早已备好朱砂、砚台、墨条、毛笔，李鸿章执笔蘸朱砂，在早已备好的"王"字上方正中，添上尖端向上，下端圆垂的一点，"王"字即成"主"，高唱颂词："日出东方，一点红光。子孙昌盛，福泽绵长。"颂词既毕，将笔向后一抛，早已预候的文熙将笔接住，正式掌管桐达李家的富贵门庭。

而后，丧钟响起，僧人引路，李筱楼之魂灵，入天道，入人道，入阿修罗道，真正走上往生之路。

这些场景，不知怎的，就让李叔同记了一辈子。

以兄为父

在凄凉的境遇里，人们偏爱讲起那些旧事。

王凤玲同其他三房太太一样，将自己封锁在了无底的深渊里，叹息声一声长过一声，充斥着并不大的厢房。梳妆台上的那盒玫瑰花香味的胭脂，渐渐蒙上了灰尘。王妈端来的饭菜，她也是勉强吃几口。

她时常于午后坐在老藤椅上，看着外面的天划过几只飞鸟。王妈总是一边摇着团扇，一边对她说起李叔同出生之日的热闹场景，其实说来说去也就那么两三件事，但王妈总是乐意讲，王凤玲也乐意听。

王妈盛来一碗莲子羹，素色的印花敞口碗，银色的瓷质汤匙，颇为精致。器具尚且如此，人生却这般随意，说到底，在这座深宅中终老，也当真是无趣得紧。王凤玲丝毫没有食欲，只是让王妈将那根挂在墙上的老松枝递给她。

"这根松枝啊……"王凤玲知道王妈又要讲那段奇异的故事。王凤玲听着王妈慈祥温和的声音，仿佛回到了李叔同出生的那个清晨。

东方仍是蒙蒙青色，风微凉。李叔同的一声啼哭，惊醒了栖息的喜鹊。仆人忙里忙外时，那只喜鹊忽然飞入王凤玲的产房，将衔着的松枝端正安放于床头，而后欢然离去。这根松枝姿态极佳，似弯不曲，风骨犹存。王妈拿起这根松枝递到额上满是汗珠的王凤玲手中，而后对着喜鹊飞去的方向，双手合十，深深叩拜。

彼时，李筱楼为庆贺老来得子，买下所有簇拥在大门之外的鱼贩的水产去放生。鱼盆之水，纷纷外溢，整条街几近流成河渠。

听王妈一再提起这段往事，王凤玲总是一笑置之，当初的满心欢喜变成了抑制不住的酸楚。王妈初心是好的，不过是为了宽太太的心，只是她忽略了，越是欢愉的旧事，越能衬出当下的冷清。

恰在这时，李叔同小跑着绕过洋书房，奔至王凤玲所在的庭院。但愿他始终这样快活，不知苦为何物。王凤玲想到此处，内心总是升起莫名的哀愁。也罢，人各有命，命中有的，怎样躲都躲不过，倒不如坦然接受。只是，王凤玲爱子心切，总想一辈子护着他，让他免受风雨。

三毛在《梦里花落知多少》中有这样一段歌词："记得当时年纪小，你爱谈天我爱笑，有一回并肩坐在桃树下，风在林梢鸟儿在叫。我们不知怎样睡着了，梦里花落知多少。"纯粹、干净，像是刚落了疏雨的清晨，读来甚美。

多年以前，李叔同也写下过这般青涩的儿时记忆。

春去秋来，岁月如流，游子伤漂泊。
回忆儿时，家居嬉戏，光景宛如昨。
茅屋三椽，老梅一树，树底迷藏捉。
高枝啼鸟，小川游鱼，曾把闲情托。
儿时欢乐，斯乐不可作。
儿时欢乐，斯乐不可作。

日后多少颠沛流离，唯有这段生活素如白纸。再回首时，一切恍然如梦。

那时的他，还不懂得什么是愁。那棵老梅树，每个冬日都会与落雪媲美。那根挂于墙上的松枝，暗暗庇佑着他的童年。宅子临河而建，河中的游鱼仿佛也有灵性，时而潜入河底，时而浮上水面。

在那座叫"意园"的花园里，你追我躲，恣意的阳光洒在脸上，简单而明澈。

老旧宅的三合院外面，胡同东口，有座庙宇，名为地藏庵。除却捉迷藏的时光，李叔同也时常随同母亲前去那里诵经。修行的僧人教母亲读《金刚经》《大悲咒》《往生咒》，年纪幼小的李叔同纵然不明其中真意，但也曾在僧人诵音落下之后，轻轻念起来。

他聪明伶俐，不消几时就能将这些佛经念得纯熟饱满，朗朗上口。

而此时，王凤玲内心深处生出了隐隐约约的恐惧，她看着端坐诵经的幼小儿子，仿佛看到了他的未来之路。第一次，她中了魔般呵斥他，不准他再诵经。她是怕他走上丈夫的路，更怕他撇下红尘中的自己。

李筱楼在弥留之际，曾留下嘱托，要李叔同以文熙为父。那间洋书房，就变成了他们的教室，在文熙的监督下，李叔同抄诵《玉历钞传》《百孝图》《格言联璧》《文选》。文熙像古板严厉的先生，手拿戒尺，在李叔同身旁转来转去。如若发现他托腮冥想，或是抬头仰望"意园"内的那枝开得正艳的海棠，戒尺就会落在他身上。

严厉管教李叔同的，并非文熙一人，王凤玲更甚。她时常想着，同样是庶出的儿子，文熙掌管着整个家族，而李叔同随时遭到众人白眼。每日，天还未亮，他便起床跟着母亲向大太太、二太太、三太太请安。于是，王凤玲时时盼着李叔同能长大，为自己也为她撑起一片天。日常生活中，她教导李叔同，席不正不坐，写多大字，取多大纸。如若李叔同稍不听话，王凤玲便摘下墙上的老松枝，打他的脊背，直至李叔同开口许诺不再犯方才停止。最终，李叔同的脊背一片红，王凤玲的心也在滴血。

九岁之时，李叔同又多了一位严师，即常云庄先生。先是读《毛诗》《千家诗》，能读能诵之后，即开始习训诂之学，终日被《古文观止》《尔雅》《说文解字》压得喘不过气。

春末夏初，白天一日比一日长。李叔同终究还是个孩子，难免有着贪玩的性子。

一日，吃过晚饭后，王凤玲与王妈坐在庭院中乘凉赏荷，李叔同急急从厢房中跑出，想要与小朋友在河边玩耍。王妈略带埋怨又满含慈祥地嘱咐着，慢点跑，别跌着了。

王凤玲却严厉地喊他停下来，听到母亲的呵斥，他不得不站住脚。母亲问他今日先生都教了些什么，可否都背诵下来，李叔同一一作答，且又将今日所习的文章，一字不落地诵出，王凤玲这才放他走。

看着李叔同远去的身影，王凤玲心中又是欢喜，又是悲伤。

时光荏苒，一寸寸地往前挪动。不知不觉中，李叔同已十五六岁。这些年岁中，有着华丽，有着落寞，有着光鲜，也有着隐忍。

那是一个清晨，母亲忽然打开了那个落尘的胭脂盒，对着那方古铜镜，匀上玫瑰香的水粉，再在鬓边斜插一支包金兰花簪。而后携了李叔同的手，走出家门。李叔同问是要去哪儿，母亲并不回答，只是穿过一道道小巷，来到了梨园——天仙园。

她已经寂寞得太久了，想要听一听戏中情。红尘万丈，她不曾得到一寸，只得从台上感知那份怦然心动。只是，她不曾想到，她未曾沉迷其中时，李叔同便醉了。

情迷梨园

"你看他粉腮含霞云鬓堆鸦，双眉蹙蹙翠黛画。恰似那姮娥女谪降寻常百姓家……"

台上那个鬓间斜簪一朵有着时光印迹的梅花的女子，悠悠地唱着。

她好似初夏刚刚绽开的青莲，在微风中轻轻摇曳，自美自持却不自知，倏然间便晕染出一池芬芳。

台下那个宛如一枝春雪冻梅花的男子，静静地欣赏着。那一天他特意换上了前些天做好的新衣，淡青色的绸缎袍子衬得他更为悠然不群。他在听台上那婉转绵软的音声，也在看那个好似不沾俗世烟火的俏佳人，眉目间自是掩不住的欣喜与爱慕。

风月情场中，世人皆是粉墨登场，欢愉之后，便相忘于江湖。如是这般也并非不好，毕竟免去了断人心肠的相思，也不必独倚江楼望穿秋水，看尽千帆。然而，有人却偏偏将这风流之事，做得极为认真。

她是津门最出众的坤伶，脸若枝上春桃，双眉似蹙非蹙若轻烟，身段婀娜似垂柳，又有一副婉转歌喉，于是，铜锣一响，这天仙园便会聚集万千听众。杨翠喜是为其名，留恋风月的文人墨客，最喜听她唱这出《梵王宫》。只是，在车如流水马如龙的人群中，杨翠喜独独看到了那个坐在角落、头戴丝绒碗帽的清秀男子。

戏如人生，人生似戏，谁能说得清，哪是真哪又是虚。现实中那些人与事，甚至比戏文中的桥段更为扑朔迷离。才子与佳人相遇，势必要演一出精彩绝伦的戏剧。不管结局是有情人终成了眷属，还是劳燕分飞两心离，小生与花旦皆会倾尽全力，演好这出情感大戏。

彼时，杨翠喜并不知晓那个男子便是李家三少爷。每次他一走进这座天仙园，便有人殷勤地为其让路，店小二更是忙着在他桌上放一壶沏好的茶，杨翠喜将这些看进眼中，便知他定然是大户人家的孩子。

对于这些，她并不在意，只是觉得这个男子眉目间是纯粹的欢喜。看惯人情冷暖、情场风月的杨翠喜，自然分辨得出谁对她是真心，谁对她是假意。然而，她并没有点破，只是在台上静静享受着他眼中流露出的万般宠意。

情窦初开总在佳时，静然的素色锦年，就这般飞来了两只彩蝶，惊醒了整个春日。

在那么多的王孙公子中，唯有李叔同懂得克制，知晓退是另一种进。每日来时，他总是换一身衣裳，或是烟色长袍上绣着一枝淡梅，或是青色长袍上落着几道花纹。其衣皆是以素雅为主，却又不失大气与华贵，彰显着一种绝世的清高与脱俗的气质。

戏散后，多少人捧着艳丽的玫瑰，或是雍容的珠宝站在后台门外，汲汲求见，要近距离一睹佳人芳容。而李叔同则在人走茶凉后，依然坐在天仙园中，回味着她柔美的唱腔、玲珑的身段、欲嗔还羞的婉笑。

每当此时，跟随他的家仆，总会问他要不要去后台求见这位红角，而他总是微笑着摇头，而后起身离开。这一切，杨翠喜都看在眼里。

渐渐地，他心里的爱慕之意蜿蜒成河，她心里的倾心之情亦涓涓流淌。世间所有爱情，皆是一拍即合。如若未能携手相拥，不过是时机未到罢了。此时，李叔同已化成春日彩蝶，翩跹飞入她的梦境；而她则如一朵春花，等待他来采撷。

那一日，他并未像往常那样，在散场之后静静回味，然后只身离去，而是掀帘而入，走进后台。正在拆头面的杨翠喜，怔了一怔，脸上旋即起了微微红晕。他静静走近她，缄默着为她拢好秀发，又在她左边的发髻上，插上那支蝴蝶兰簪子。他脸上不动声色，内心早已掀起滔天浪潮。他以为只有他自己知晓右手在微微颤动，却不期然，杨翠喜在低头的瞬间，早已感到了那来自心灵深处的震颤。

置身于天仙园，她见过太多的风流公子，阔绰子弟，却从未见过他这般清秀文雅的男子。他懂得审美，却不伺机占有，而选择静静守候，于是，他的眼神是清澈的，是纯粹的。

听杨翠喜的戏，再送她回家，是一天当中彼此最欢欣愉悦的时刻。在台上，只见她轻舒水袖，千般柔媚，万般风情；回家的路上，皎洁之月也懂风情，悄悄藏身于湖中，只营造出一片朦胧的意境。

这一段爱恋，旁人看在眼里，是温文尔雅，而唯有他们自己明白，爱之汹涌可以倾城。他那平缓有致的声音，在她听来，却好似有着银瓶乍破水浆迸气势；而她那温柔低垂的嗓音，在他听来亦像正铿锵热烈开放的满园春色。

就是这般，他为她捧上了万丈才情，她为他献上了妙曼佳色。他为她讲解戏曲之渊源，为她写唱词，句句皆是满溢的深情；她在戏台上唱念做打，声声皆是为他轻轻而唱，步步皆是为他而转。是以，才子更为出名，佳人之唱功与舞技亦如春日之笋，日益渐长。

世间之事，向来是忧喜参半，明暗对分。起初顺遂的爱情，也总会如小舟在无月的夜晚撞上了暗礁，渐渐沉溺在海中央。

李家是大户人家，门风自是比幸福重要上百倍，怎会允许李叔同陷进风月场中，又怎会允许一个戏子与尊贵的三少爷纠缠不清。李叔同的母亲王凤玲坐在太师椅上，闭着眼冥想。身旁伺候她的王妈，虽然不敢言语，脸上却无法掩饰对李叔同的担忧。她是看着李叔同长大的，是以最疼爱他，她深知这孩子重情，如若执意将二人分开，定会将其深深伤害。只是，她在这座李家大院中生活了这么些年，早已明白，繁华背后隐藏着不为人知的悲伤。

暮色四合之时，忽然起风了，像是要将什么断送。母亲悠悠地睁开眼，姿态悠然而决绝地从桌几上挑选出一张照片，递给王妈。照片上的女孩，乍看之下并不出众，她不是窗前的明月光，可望而不可即；也并非胸口的朱砂痣，可以让人记挂一生，却最是暖热人心的那种美，就好像周遭的空气，无色无味，却是生活之必需。

王妈猜出了凤玲的心思。

"花妈妈呀，你把我害煞，送来了一朵鲜花不是他。"杨翠喜依然在台上唱着，李叔同仍在台下痴心入迷地赏着，却不知他们的爱情不过是戏文中的章节，终有曲终人散时。

萧郎陌路

晓风无力垂杨懒，情长忘却游丝短。

酒醒月痕低，江南杜宇啼。

痴魂销一捻，愿化穿花蝶。

帘外隔花荫，朝朝香梦沉。

杨翠喜扮完戏拆下头面后，听得送信之人唤她的名字。她展开这封信笺，便看见了这首用小楷一笔笔勾勒的诗。秋风透过窗棂，透过她略薄的衣衫，吹进了秋草丛生的心里。

秋意浓，漫天回忆舞秋风。那些李叔同提着灯笼送她回家的日子，终究成了过眼烟云。曾经，他是一只彩蝶，可以翩跹飞入她的梦中。如今，这一封满是相思的信笺，却如过了花期的春天，满是落红。

她的头上，依然插着那支蝴蝶兰簪子，而李叔同已然像只蝴蝶飞走了。因有要事，他暂时离津去了上海，没有佳人在侧，终究是对锦瑟时光的辜负。好在李叔同善作诗寄相思，杨翠喜亦懂些纸墨上的功夫，故而，于他们而言，时空的距离，并非越不过的阻碍。

然而，上苍总是刻意为难红颜。当她正沉浸于信中的缱绻相思时，要好的姐妹告诉她，有贵人拜访。

杨翠喜并非未见过世面的小家碧玉，但走出后台时，仍被眼前的阵势所震撼。两队官兵簇拥着一个雍容华贵之人，猛然间，杨翠喜好似进了官府一般。只见那人满面堆笑地迎上来，讨好地对她说了赎身之事。他是天津府道段芝贵，自然有这般能耐，亦有这般权力。

坠落风尘之间，犹如风中尘埃，雨中花屑，飘零无依，被碾落成泥。她们周旋于形形色色的男人之中，辗转逢迎，曲意承欢，卖弄着无边春色与风情，笑容如同美酒，让人一尝便醉。可多半人也仅仅是酒醉而已，一时沉迷稍后即醒，转身即是天涯。她们自然深知，那些醉时的海誓山盟，都是一指流沙，不要相信，亦不必追问，听听就好。短暂风流快活之后，他会重新踏上阳关道，她也会继续走这永远走不完的独木桥，谁更薄情谁更寡义，本就不是多么重要的事情。

只是，杨翠喜明白李叔同不同于其他男子，定会给她一个避风的港湾，让她不再颠沛流离，不再在这荒蛮的世间找不到归宿。如今，忽然听得有一人要为她赎身，该当满心欢喜，即使喜极而泣也算不得失态，而只因赎她的人不是李叔同，杨翠喜脸上笑意盈盈，心中却早已泪落如雨。

她将双手背在身后，悄然将李叔同的相思之诗，折叠起来。自此之后，当与君绝。他们终究是彼时寂寞的过客。

烟云如故，天仙园如故，唯有人已非故。

李叔同从上海风尘仆仆归来时，未来得及进家，便来到了天仙园，想要将手中攥得暖暖的鎏金掐丝小簪再插到她头上。推门走入后台时，杨翠喜的姐妹们皆在，独独少了她的身影。从她们满含同情的眼神中，他终于相信了街上纷纷扬扬的传言——段芝贵为其赎身，并将她献给了北京载振小王爷。

一入侯门深似海。他们犹如两条相交的直线，此前的靠近是为了渐行渐远。雄蜂与雌蝶哪能相爱，海鸥与游鱼怎会相守，虽然彼有情，此有意，最终也是擦肩而过，而后湮没在人海。有些承诺，无法兑现；有些誓言，难以成真。李叔同与杨翠喜在无涯的时间偶然相遇，却不是在最恰当的时机。

他深知侯门之内妻妾成群，争风吃醋是常有之事。或许杨翠喜刚刚进门之时，载振因她俏丽多姿，便将其捧在手心，生怕有一丝闪失，想必就算杨翠喜说出想要星星月亮，他也会想个法子飞到天上为她摘下来。

但他的宠爱如同凤梨罐头一样会过期，一旦手中有了新的"玩具"，这份对杨翠喜的热络，自然会转移。

李叔同之母凤玲听闻这般消息，心中自是百般称意。此前与王妈商量好的计策，纵然不急于一时，终究要开始操办起来了。旧伤还未痊愈，新人便要闯进门，李叔同好似走进了湿漉漉的雨巷中，一个人彳亍流连，回不到当初，也看不清未来。

奔走于凡尘俗世，有谁能不食人间烟火；在十丈红尘里周旋今生，又有谁能逃得开一个情字。无际的岁月随风而逝，唯有当初的悸动、相思的情怀，鲜活如当初。缘深缘浅，情短情长，这个光怪陆离的世间，总是有人为情而殇。

李叔同本以为杨翠喜进了侯门，纵然会受些委屈，至少免去了四下流离的苦。然而，这一切才刚刚开始而已。

段芝贵是袁世凯手下的得力干将，而载振之父又是慈禧身边的红人，是袁世凯极欲拉拢的对象。段芝贵便将杨翠喜献给了载振，为自己谋求了一条升官捷径。果不其然，自此之后，他官运亨通，升任黑龙江巡抚。

这终究是一枕黄粱美梦，段芝贵因献美得官，被人告发，参他的折子经慈禧太后批示之后，他便被撤职。由此，杨翠喜也被遣回天津。

流年渐深，两人偶然再次在街上相逢。一切都好似未曾改变，她头上仍插着那支蝴蝶兰簪子，像是怀念，又像是祭奠；他亦依然穿着初见她时，那淡青色的绸缎袍子，素雅而淡然。但一切都已改变，她不再是那个在台上悠悠唱着《梵王宫》的俏佳人，而他也不再是那个提着灯笼送她回家的翩翩公子。

有人说姹紫嫣红开遍，莺飞草长柳浓时的春天最美，可李叔同觉得这个季节最为悲伤。那满枝的春花，总会落满曲折的小径。

第二章

初梦：秋风走马出咸阳

红烛有泪

东方渐渐发白，一顶精美的花轿被八个轿夫抬进李家大门。轿前轿后的鞭炮声在脚边炸响，打锣吹号声也此起彼伏。花轿抬至堂前，老妈子揭开轿帘，搀扶着新娘出来。堂内满满的都是人，涌动着欢乐的热潮，桌上那一对龙凤烛，摇曳、燃烧；墙上的大红喜字，耀眼、夺目。

吉时一到，焚香，鸣爆竹，奏乐。礼生诵唱："香烟缥缈，灯烛辉煌，新郎新娘齐登花堂。"一对新人双双登上花堂，随礼生的唱诵，一拜天地，二拜高堂，夫妻对拜，而后被众人簇拥着进入洞房。

繁华过后，往往是苍凉；热闹之后，常常是冷寂。李家上下，前一刻还笼罩在鞭炮声中，以为这种繁华会永恒，而后才发现这并不是真相。新人进了洞房，一切便渐渐恢复了原貌。只是，有人本置身事外，却沉浸在刚刚的热烈氛围中不肯出来；而有人，本是当事人，却从头到尾做了一个旁观者。

新房中，红帐、红烛、红喜字、红纱窗、红被褥，新娘蒙着盖头，略显拘谨地端坐在床沿上。新郎坐在盖着红布的座椅上，踌躇着，犹豫着，几次想要站起来，却又慢慢地坐下。他向来都是穿素色缎子衣袍的，今日穿上大红绸子新郎服时，他在镜子前照了又照，总觉得镜子里的那个人不是自己。

几经思量之后，他端起桌上摆着的酒杯，郑重而又有些慌乱地一饮而尽。继而，他慢慢地走向已然等了许久的新娘。走近她时，他能听到她的微微喘息，带着一缕栀子花香的味道，清新、纯净，让他联想到了冬日旧宅院中那棵老梅树上晶莹的雪，不染一丝纤尘。这种味道，他在杨翠喜身上没有闻到过。杨翠喜身上，更多的是一种桂花味道，热情、浓烈，让他无从抗拒。一想到杨翠喜，他向前走着的脚步便不由自主地放慢了，本来伸向新娘盖头的手，也渐渐垂下来。

是的，李叔同知晓眼前这个穿戴着凤冠霞帔，等待着掀起盖头帕的女子，不是他深深爱着的杨翠喜，而是母亲与王妈一手安排的俞姑娘。

俞姑娘，并不是不好，只是并非他所爱。心之容量有限，装下了杨翠喜，便无法容纳她。万事都不可强求，爱情之事更是如此。

世间所有一切仿佛都是命中注定，无缘之人即便相遇也会走散，有缘之人纵然分袂终会重逢。李叔同与杨翠喜属于前者，与俞姑娘属于后者。

天津南运河边上的芥园大街，有一家门户，经营绿茶生意，这便是俞家，也算得殷实人家，并不比李家逊色多少。说起俞姑娘，李叔同早先也是见过的。他曾陪同母亲去逛娘娘庙的皇会，恰好见到了俞家母女。自然，那次偶遇隐含了太多的刻意成分。在李叔同与杨翠喜走得愈来愈近时，王凤玲便开始为之寻摸合适的人，以便断了他的痴念。王凤玲听说，俞家有一位姑娘，出落得端庄秀丽，于是，便有了那次皇会上的初逢。

在李叔同的印象中，俞姑娘并不像桃花那样占了整个园林的春色，也并不似兰花那样自有一种孤傲的清高，她平易近人，更像是人人家中都会栽植的月季，在春日自开自落，有人欣赏也好，无人注目也罢，她以一副认命的样子，按部就班地沿着自己的人生轨迹，一步步走。

皇会回来之后，王凤玲坐在那把藤椅上，有意无意地问李叔同，俞家姑娘可好。聪明的李叔同怎会不知晓母亲话中深意，他本想说，俞姑娘虽好，终究不为自己喜欢。但斜阳的光洒落在母亲头上，他猛然间看到了母亲的几丝白发。沉默许久，他轻轻叹了一口气，低低地说，听您的就是了。一字一言，清晰可辨。

母亲先前还想着怎样说服他，如今听到李叔同如此简明的回复，心中竟是揪心的疼。她忍不住要安慰李叔同几句，却不知说些什么好，嘴边的那句"总比那姓杨的戏子好"终究咽了下去。既然李叔同已然答应这门婚事，又何必再在他心上划一刀。

　　接下来，李家上上下下都在为他的婚事忙活。粉刷老屋，雕石榴百子床，花开富贵橱，丹凤朝阳屏风，一派喜气洋洋的气氛。而李叔同将这一切都当成了一场折子戏，一场与杨翠喜愈行愈远的伤情之戏。

　　王妈看着李叔同终日无精打采，终于忍不住向王凤玲说，俞姑娘大李叔同两岁，叔同属龙，俞姑娘属虎，他们明明是龙虎斗的命相，要不就再选选吧。王凤玲又何尝不知，只是李叔同与杨翠喜的传言已笼罩了大半个天津城，更何况文熙与二太太也终日对她冷嘲热讽，说她养的儿子坏了门风。如今，她若想要在这个大家庭中生存下去，只得挑选一位正经人家的姑娘，让其与李叔同成婚。

　　李叔同远远地听到母亲与王妈的谈话，讪讪一笑。是啊，家长已经认定，怎会因生辰八字不合而更改，如若李叔同与杨翠喜的八字相合，难不成会将杨翠喜抬进家门？

　　一切都如过往云烟，风一吹便散，即便成心要寻其踪迹，终究于事无补。成亲那一晚，李叔同思量再三，终究用手中那坠着如意结的纸扇，挑落了俞姑娘的盖头帕，流苏摇曳着落地，像是来不及挽留的过往。看她敷着粉搽着胭脂，如雨过牡丹、日出桃花，眼中不禁有了些许泪意，只是，这泪不为欢喜，而为他们各自的命运。俞姑娘看着眼前这个眉目中暗含悲情的男子，仿佛看到了余后的漫漫长路，她又何尝没有听过他与杨翠喜那传遍大街小巷的故事。只是，她更善于掩饰，假装李叔同那盈盈泪意，是为她而流。

　　洞房花烛夜，李叔同如过寒冬，时时刻刻盼着天明。

远离津门

光绪二十四年（1898年）十月，暑气渐消，云层渐薄，人心也越来越淡薄。

李叔同总是觉得，戊戌六君子在北京菜市口被斩首时，天下着蒙蒙细雨，刽子手刀刃上的血迹同雨汇合，染红了整条街。李叔同并没有亲眼看见这般场景，却感到如此真实。

夜中，昏昏沉沉，恍恍惚惚，天亮时方才在朦胧中沉沉睡去。再醒来时，阳光已然透过窗棂铺满八仙桌，俞氏在这时总是小心翼翼地捧一盏高丽参茶过来，低声叮嘱他趁热喝，而后转身便迈出门槛。来去一路皆是低垂着眼皮，偶尔抬头看一眼，也是慌乱的、匆忙的。

天津的局势一日不如一日，他本是天津城算得上名号的李家三少爷，风流倜傥，戏院楼台，笙歌曼舞，雪月风花，好不快哉；他胸中又有笔墨千篇，或是作诗换得佳人回眸一笑，或是吟曲以抒发幽情，更或是频上层楼，为赋新词强说愁。

今日一早，他端起妻子捧来的茶，透过那扇丹凤朝阳屏风，看着因他娶妻而焕然一新的院落，西墙角的菊花正开得热烈，通往洋书房的青石台阶被雨冲刷得格外干净，王妈正打扫昨夜飘落的树叶，妻子与母亲絮絮叨叨拉些无关痛痒的家常。李叔同始终未啜一口茶，直至它渐渐变凉。他猛然感觉到这才是他所熟悉的生活，只是待他明白时，已决定要离开。

有人说，一座城市的价值，是用离别换来的。诚然如是。

李叔同将那杯冷却的茶放在八仙桌上，而后慢慢走出厢房，一步步挨到母亲面前。他先是笑着问母亲，近来身体可好。母亲一边抚摸着手中那根有些年头的老松枝，一边微笑着点点头。李叔同踌躇着，不知该转身就走，还是该将压在心底的那句话说出口，王凤玲自然懂得他的心思，便转过头吩咐始终缄默的儿媳，去准备行李，所剩时日已然不多。

一边是大如天的丈夫，一边是待她如女儿的婆婆，俞氏放下正绣了一半的鸳鸯手帕，起身也不是，坐着也不对。说是秋日到了，暑气并未散尽，此刻一丝风也没有，更是惹得人心烦。看着妻子额头上渗出了几滴汗珠，李叔同示意她按照母亲的吩咐去做，而后与母亲说了几句无关紧要的客套话，便转身往大门的方向走。王凤玲说，外面街上乱得紧。李叔同向来听母亲的话，迈出的脚步又折了回来。

李叔同心里明白，母亲是害怕。他与杨翠喜那传得沸沸扬扬的风言风语刚刚平息下来，大半个天津城又开始散播他是维新变法康梁的同党。人言可畏，有多少人挡得住刀枪火炮，却躲不过流言蜚语。

那就走吧，动荡的时代，只得把天涯海角当作归宿，除此之外，别无其他。

清晨，风起，宅院毗邻的海河有着淡淡的鱼腥味。天亮时渔船陆续返港，海鲜便簇拥着上市了。李叔同知晓母亲最爱吃梭鱼炖豆腐，便吩咐王妈到早市上买来一条时常游弋在海湾内的鱼，肉质细而嫩，味道鲜而美。恐怕迁到上海，就吃不到这种鱼了。

母亲穿戴妥当后，来到厨房就餐，看着桌上那道还冒着热气的梭鱼炖豆腐，不禁红了眼眶。其实，若不是为儿子担忧，她又何尝舍得离开这里，去一个陌生的城市里艰难过活。上海，在未曾开埠之前，与天津一样，不过是个极为闭塞的小县城。如今，因其便利的通航条件，再加上租界的存在，上海迅猛发展，一跃成为中国第一大都会。在战火硝烟中，此地自然成为避难者的首选之地。于是，王凤玲看着天津局势愈来愈乱，不得已便生发了南迁上海的念想。

王妈看着王凤玲的眼泪将要滑下来，急忙将她搀到上座。李叔同心中亦是百感交集，这么多年，他只知道母亲爱听戏，爱抚摸那根老松枝，爱吃这道梭鱼炖豆腐，除此之外，母亲喜戴什么首饰，喜穿什么花色的衣裳，喜喝哪种花茶，他全然不知。王凤玲拿出用了多年的锦缎手帕，刚要揩掉下来的泪水，李叔同轻轻拿过锦帕，替母亲做了这件事。

"趁热吃吧，凉了味道就不鲜了。"李叔同说着。

多年以后，李叔同遁入空门，成为弘一法师后，回忆起这诸多与母亲相关的场景，总是说上一句："我的母亲很多，我的母亲——生母很苦。"

在李叔同小时候，她怀抱着他，老梅树的花瓣静静地飘落，落在她乌黑稠密的秀发上。每当那时，李叔同觉得母亲极美，甚至分不清哪是正值芳龄的母亲，哪是比雪香三分的梅花。王凤玲看着眉目清秀的小叔同，好似看到了年轻时的李筱楼。望着天边那只不留痕迹的飞鸟，王凤玲想着，李筱楼年少时定然也是极为俊秀的。她并没有见过他年轻的模样，他们相识时，李筱楼已经老了。

那在天津的最后一顿早餐，人人皆是食不知味。

九点一刻，仆人已经将一切打点妥当。终究是要走的，挽留无用，怀念徒劳，且顺从命运的安排，不存怨念，不必惶恐。

海上的风，有些凉，也有些粗暴，不似李家庭院里，温和、清爽。李叔同背后的长辫子，被风吹至胸前，在他淡烟青色素缎袍子上来回拂动，像极了行船驶过时泛起的海潮。天上的云，不停地变幻着，有时好似一条细丝线，有时簇拥起来又宛如旧宅院中开放的木槿花。

李叔同站在船头，沉浸在自己纷乱的思绪中，回想起仿如蒙了一层烟雨的往事，也眺望笼罩着雾霭的前路。行船划开一道道水波，片刻之间，身后波澜便归于平静。有什么是永恒的呢，永恒的不过是时间罢了。时间爬过，一切都毫无踪迹。

偶尔，他也会回头看一眼正仰头望着天空的母亲。他知道这是母亲第二次坐船了。第一次是出嫁时，她像一条鱼一样，游出了自幼熟悉的那片水域，自此之后再也没有回去过。这一次是南下迁徙，惶惶然，要随儿子寻一条通往未来的道路，她心里明白，天津之城今后只在梦中。

如此看来，人生不过就是一个有去无回的过程。

上海港口熙熙攘攘，船夫停稳船只，绑上缆绳后，才示意李叔同他们下来。李叔同、王凤玲、俞氏、王妈四个人看着这座陌生的城市，慌乱有之，好奇有之。

新生活即将开始，可谁能否认，这又是一场徒劳的挣扎。

沪上初度

用过早餐，李叔同漫无目的地走出上海的新家。黄包车顺风跑来，车夫殷勤地问他去哪里。他想了想，那就去趟钱庄吧。

此时的北方，想必已然树叶凋零，寒气沁骨了，而上海仍枝繁叶茂，花团锦簇，唯有从黄浦江上吹来的风中，夹杂着些许凉意，让人感知秋日已经来临。

他坐在黄包车上，一路看着不断后退的风景，眼中满是新奇。细沙道路平整宽阔，车辆驶过带不起一丝尘埃；两旁的树木有些稀疏，还未铺成绿荫，许是近来才新植的；大户人家也不似天津城那般，在门前两侧蹲踞着石狮子。更让李叔同感到新奇的是，大路两旁都排列着街灯，一直延伸到黄浦江江边。往日在天津，天色渐黑时，人们匆匆忙忙回家，而在上海，街灯总会在黄昏之际渐次亮起来。

李叔同坐在黄包车上，思绪如海潮般翻涌。他想着，这个年轻而繁华的城市，该属于正值锦瑟年华的他，而他也该借着这座有着新鲜血液的不夜城，尽情舞一场完美无瑕的人生。

此番来上海，文熙早已为李叔同部署周全。桐达李家在此地的申生裕钱庄设有柜房，收入极为丰厚，日常用度可随时支取。纵然如此，于上海而言，红遍了天津城的桐达李家不过如沙滩上的贝壳，随处可见，而他三少爷当下更是不起眼的生客。况且上海租界内，寸土如金，李叔同与母亲商量过后，只得租下洋泾浜以南的法租界卜邻里的一栋二层小楼。

小楼的规模，自然无法与天津大宅院相比。旧宅院中那座"意园"，单是规模就抵得上整座楼房，更别妄想如今的住所会有流着潺潺溪水的假山，蜻蜓栖息荷尖的清塘，四季葱绿的石竹了。人都是期望向高处走的，走出了旧日那座"大观园"，眼下的境遇难免会令人感到沮丧。

然而，王凤玲却心满意足，毕竟这里没有二太太与文熙的颐指气使，不必看旁人的脸色行事，更不用听顺风刮来的闲言碎语。王妈自从来到上海后，便不再称呼王凤玲为"四太太"，而直接称呼她为"太太"。俞氏与往常一样沉默寡言，与王妈不分主仆，轻巧地挽起丝绸质地的外衣袖子，同王妈打扫起这个新家。老铜镜被擦拭干净，玫瑰胭脂也散发着微微香味，那根老松枝又挂在了王凤玲的屋中。乍看之下，新房屋内与旧家并无多大差异，但王凤玲瞅了瞅蜷缩在西北墙角的矮小的床，便想起了那张睡了二十多年的雕着龙凤呈祥的花梨木大床，心中微微发酸。

人生翻云覆雨，不知何时天晴何时雨。

最是梦中人，活得潇洒恣意。《红楼梦》中的贾宝玉，生在了那好似天上人间的大观园，头上戴着束发嵌宝紫金冠，齐眉勒着二龙抢珠金抹额，穿一件二色金百蝶穿花大红箭袖，束着五彩丝攒花结长穗宫绦，外罩石青起花八团倭缎排穗褂，蹬着青缎粉底小朝靴，平生万种风情，千般姿态，或与水做的女儿家们吟诗赋词，或与名家公子诗酒唱和，真可谓是彻底体会了一场红尘繁华梦。

黄浦江畔，十里洋场，这座群星耀眼的城市可算得上是李叔同的"大观园"。或许，他的命盘便是照着贾宝玉的轨迹转动的。即便到了大上海，日常生活亦是景致如许，丝毫不比天津城逊色，两层小楼重新粉刷，房门由厚重的黑胡桃木制成，庭院虽不大，也按照自己的喜好命仆人栽满了花草。下午时分，妻子总会为他泡制一壶普洱，再准备几碟小点心，其中有云片糕，有桂花糕，还有法式黄油曲奇。他总是啜一口清香的普洱茶，翻几页诗书，看一会儿静静游走的流云，而后顺势在排列整齐的小碟子中，用拇指与中指捏着一块精致糕点送进嘴里。

夕阳染红了天边的几朵云片，天色已经不早。在他起身之前，妻子已在书房中为他拉开灯，其中两人总是略打招呼，而后便沉默着做各自的事情。有时，李叔同认为，妻子就好似下午这些糕点，来来回回就这么几个花样，但于他的生活而言，这下午茶点又是必不可少的。如若少了，整个下午便索然无味。

妻子走出书房时，小心翼翼为他关上了门。李叔同昨天新认识了几个舞文弄墨的朋友，今天忽地来了兴致，便铺开纸，略加思索一番，落笔成一首格调高雅的小诗。诗成后，他生出托人送给朋友的想法。一来是为了联络刚刚建立起来的感情，二来也好显示自己不俗的文字功底。

于是，他找来昔日早已做好的自制信笺，在这张中间画着两个连成环的圆圈的信笺上，用篆体小字，一笔一画地将那首小诗誊写下来。他的字体舒展劲健，笔意开张，多方折、侧锋、翻转，精美中不乏厚实，奢华中又不乏凝重。之后，他将信笺折叠整齐，装进手边的信封。如此大费周章，无非是想让大上海有他李三爷一席之地。

一切都打点好之后，李叔同叫来仆人，告诉他地址，命他将这封独一无二的信送去。待仆人转身关门时，李叔同又觉不妥，想了想之后，又从抽屉中拿出一张署名"成蹊"的红色名片，让仆人也一并带上。

时光在此时是仁慈的，把他带到了这座像极了《红楼梦》中大观园的大上海，又许给了取之无尽的才情，再加上他那干净得如同雨后天空的面容，以及用之无度的资财，他终究会如蚌中珍珠，渐渐发出透着蓝意的光芒。

文名渐盛

大南门附近，有一座草堂，是为城南草堂。草堂之北是青龙桥，岸边垂着杨柳，每逢孟春，翠绿如蓝，随风而舞。春草绵延而去，野花葳蕤摇曳。东面即是黄埔，江上帆樯来往，热闹非凡。房子旁侧有小浜缓缓淌过，浜上横跨一座苍古的金洞桥，桥畔的那两棵合抱粗的大柳树，想必有些年头了。

庭院中栽植的多是李叔同不曾见过的江南植物，四季常青，花开时，幽香满院，花落时，风雅不减。草堂置于闹市之中，却又如空谷幽兰般，独处于喧哗之外，自有一种"心远地自偏"的气韵。

李叔同第一次来此地时，便深深为之迷恋，仿佛啜饮了佳酿般，醺醺然中竟以为这座草堂是为他而生的。自然，震惊的并不仅仅是他，草堂的主人更是喜出望外。

许幻园看着走进庭院的李叔同，戴着丝绒碗帽，帽子正中缀着一方白玉，身穿曲襟背心，花缎袍子。丝缎衬得肌肤堪比女子，眉目流盼间宛如月映深潭般熠熠生光。他的头抬得高高的，更有一种不染俗尘的遗世独立气质。许幻园不由得为之折服，心生相见恨晚之感。

他在华亭中站定，与许幻园寒暄。两人心照不宣，许幻园喜欢李叔同满腹的才情，更羡慕他于喧嚣世界中那份气定神闲的姿态。

李叔同则羡慕许幻园有一个红袖添香的妻子——宋贞，夫妻二人闲居在草堂的天籁阁中，如神仙眷侣般将生活过得如一首雅致的小诗。兴致来时，两人续写《红楼梦》，不知不觉中，竟铺衍出了八种结局，分别为《复梦》《补梦》《后梦》《绮梦》《重梦》《演梦》等。故而，这座草堂又有"八红楼"之称。而自己的妻子俞氏，只知做些缝缝补补的家常事，至于文人间的雅事，她不懂，也没有机会懂。

一切皆是天意，违背不得，执拗无用，唯有顺着既定的路途跋涉，方才看得到未来。李叔同走进这座城南草堂，亦是冥冥之中的安排。

喝茶谈古今，煮酒论诗词，想必再也没有比这更惬意更风雅的事情了。

其实，在李叔同来上海的前一年，城南文社便已在许幻园的城南草堂中成立。宝山名士袁希濂、江阴书家张小楼、江湾儒医蔡小香，无一不是喜好摆弄丹青之人，时常聚在一起泼墨文章。文社每月会课一次，切磋诗文词章，且出资悬赏征文，以添雅趣。

那一日午后，李叔同正用茶点时，有意无意中翻了翻当日的报纸，右下角那则城南文社的悬赏征文点亮了他的眼睛。纵然这是个私人文社，亦是崭露头角的机会。于是他便遣人拿来笔墨，略加思索，便遵循征文要求作好了一首格式规范、文辞绮丽的诗歌。斟酌再三后，他又替换掉第二句中的一字，使整首诗读起来既有严谨之感，又不乏灵动之韵。

俞氏端来糕点时，见他白皙的面颊上又因喜悦添了一层红润，就像洁白之云染上了夕阳之光。她是知书达理的大家闺秀，于她而言，相较于丈夫的门第，丈夫的才情更让她倾心。这一次，她与往日一样，并没有过多过问李叔同因何而喜，而李叔同也并未向她吐露只言片语，只是以温暖的笑意回应她内心的追问。

寄出的征文，好似黑夜中的航船猛然寻到了对岸的灯塔，竟连续三次名列榜首。这让许幻园大为惊异，亲自致信邀他加入文社。

上海的冬天，不似北方之冬那般是执拗的寒彻，但从黄浦江吹来的风中，还是有着侵入骨髓的力量。街上的路人，三三两两，裹着棉布衣瑟缩而行，脚步愈来愈快，到最后竟忍不住小跑起来，以便早点回家避避寒风，烤烤炉火。

然而，李叔同坐在黄包车里，第一次觉得在大上海寻到了自己的存在感。冬日的阳光本是微弱的，而他仿佛沐浴在热情、炽烈的骄阳中。

一切皆随他的心动而富有魅力。

当他走进城南草堂时，袁希濂、张小楼、蔡小香，以及其他文朋诗友早已坐定。他与大家寒暄一番后，即走向为他预留的空位上。

会课由儒生张蒲友主持出题,并阅卷评定等级。课题分为文题与诗赋小课,前者须当日完成,后者则三日交卷。

李叔同将这次入社作诗,当作一场才情的华丽演出。这是命运对他的考验,若是胜了,他就是经纶满腹的翩翩佳公子;若是负了,他就只得做人们眼中避难的庶出之子。于是,他激情澎湃,迫不及待而又格外矜持地想要在聚光灯下,用丹青泼绘出赢得满堂彩的折子戏。

此次文题是"朱子之学出于延平,主静之旨与延平异又与濂溪异,试详其说",这算得上是大观园的戏台,他准备好一切只待粉墨登场。稍加思索之后,他执笔在砚台中蘸好墨,挥手书写,淋漓而尽,顷刻之时,文章便成。

王孝廉与众人看过之后,无不为其丰富畅达的文思、极速快当的成文之速惊叹。

冬天,风一日比一日寒,清晨时甚至能看到窗上结了一层薄薄的冰。李叔同的下午茶点也由庭院挪到了书房中。在这场文采之戏中,他全情投入,诗赋小课为《拟宋玉小言赋》。在李叔同的认识中,宋玉之美,美到让登徒子这般人忌妒;宋玉之才,惹得君王欢喜不已。于是,李叔同在作这篇赋中,格式规范而严谨,辞采华美而缛丽,铺陈淋漓而充沛,无一字可删改,无一字可增添,是为极致。

三日后,王孝廉阅完所有文社成员的诗赋后,手执毫笔在李叔同之卷上写下"写作俱佳,名列第一"八个字。

戏曲演毕,掌声如潮,赞赏如浪,他终究是胜了。在这个陌生的大上海,上层名流中都知晓李家三少爷,有着秀丽干净的容貌,有着吟诗作赋的才情,有着风流儒雅的风度。更重要的是,在消遣与享受中,他赢得了能与自己过招的知己。

多年以后,李叔同与他的弟子丰子恺提起在上海的时光,仍无不留恋地说:"我从二十岁到二十六岁之间的五六年,是平生最幸福的时候。"于他而言,幸福之定义,即是寻到了真正的自己,做内心想做的事。

诗画唱酬

卜邻里距离城南草堂并不远，不过几分钟的车程。许幻园夫妇因钦羡于李叔同的才情与气质，便向其发出携妻眷搬来草堂同住的邀请。李叔同向来听母亲的，归家之后便向王凤玲说了此事。王凤玲也觉得卜邻里太过冷清，孤零零的，好似跌进了无人的山谷。于是，李叔同一家便从租来的宅子里迁出，住进了城南草堂这座大观园。

草堂客厅左临的书房，便是李叔同的居所。客厅正中挂着一块名为"醼纨阁"的匾额。许幻园见右侧的书房尚缺一匾，便效仿名流自题斋名堂号的做法，乘兴写了"李庐"二字以赠。自此李叔同便有了"醼纨阁""李庐"之室名，以及"醼纨阁主""李庐主人"等新的别号。

烛光摇曳，觥筹交错，吟诗唱和，这画一般的景致，诗一般的快意人生，当只存在于诗词的字里行间，殊不知李叔同竟真如贾宝玉一般，将最虚幻繁华的梦境，嫁接到了最真切的现实中。

> 城南小住，情适闲居赋。
> 文采风流合倾慕，闭户著书自足。
> 阳春常驻山家，金樽酒进胡麻。
> 篱畔菊花未老，岭头又放梅花。

李叔同情不自禁作了这首《清平乐·赠许幻园》。篱畔菊花，颇有陶潜乐居山林的兴致；岭头梅花，自有林和靖于月黄昏之时静嗅暗香的雅趣。

人间的缘分，也真是奇妙得很。谁人皆是天涯飘零客，在苍茫的旷野中如蒲公英一般，风起时，便游弋四方；风停时，便在落脚之地暂且休憩。此生相遇且相知，算得上天赐的恩惠。许幻园与李叔同本各有各的江湖，此时却同居一舍，朝夕相对，以诗为乐，以酒助兴。

每日看着两人在庭院中醺醺然醉倒在诗词中，许幻园的夫人宋贞便免不了在风雅的唱和中，温婉地添上一笔叮咛与嘱托。"研前写画身犹壮，莫为繁华失本真。"

李叔同看到这句"莫为繁华失本真"时，先是一怔，眼下的繁华究竟是真是幻，是实是虚，又或者这本就是一个咿咿呀呀唱着的戏园子，辨不出真幻虚实。随即李叔同抿嘴一笑，人生不过短短几十载，有几人幸运如自己，可以如俞伯牙遇到钟子期那般，得以与许幻园相识。故而，李叔同以诗作答："而今得结烟霞侣，休管人生幻与真。"

曹公说得实在是好，"假作真时真亦假，无为有处有还无"，人生如戏，真真假假，一辈子就这样过去了。

世间究竟有无天之涯，海之角，谁都无法说得清，道得明。或许，天涯海角不过是一种形容，一种感触，身在此岸，彼岸便是天涯海角。如此说起来，每个人皆是人间的过客，不曾带来什么，也无法带走什么。行走在路上的人，难免会邂逅飘零的同类，以相互取暖，抵御雨雪风霜。

那一日午后，袁希濂、张小楼、蔡小香三人又提着酒肉而至，许幻园与李叔同脸带笑意忙从客厅迎出来。佳酿伴着诗香，唱和伴着谈笑，光阴就这样一寸寸溜走。天色就如砚台中的墨，由淡而浓。新月攀上树梢，清浅之塘横斜着梅花疏影，风过竹林飒飒而响，甚为惬意。

月色浓，醉意浓，也不知是谁提议说，五人何不结为"天涯五友"。此言一出，人人皆拍手赞同。日后回忆起来，李叔同总觉得那段日子好像是一朵开不败的紫罗兰，时时散发着浓烈而不甜腻的香味。

在这座梦幻般的城堡中，王凤玲与李叔同一样，时而欣悦欢愉，时而感伤悲戚。夹在悲与喜的罅隙里，难免让人心生烦躁。每当此时，王凤玲便打开那盒玫瑰胭脂，匀在渐渐生了细碎皱纹的脸上，迈出内屋往宋贞居所走去。她知晓宋贞能文章诗词，又有些画中功夫，便常常请她说诗评画，以抚慰那搁置许久却又渐渐溢上来的墨瘾。或是花晨月夕，或是茶余饭后，两人时常相伴而坐，相契无间。

梅雨之时，宋贞早年落下的湿寒症就犯。王凤玲便在闷热的厨房中，亲自为其煎药。王妈不忍看着太太额角渗出颗颗汗珠，多次请求自己来煎终究无果。王妈只好拿来一把画着富贵牡丹的折扇，边为太太扇起凉风，边说着，太太对许夫人比对儿媳还要好些呢。王凤玲并不答话，只管煎药，心里却想着，许夫人终究是别人家的媳妇。

也就是在此时，坐在庭院里绣荷叶香包的俞氏，刚想站起来，便一阵眩晕，倒在了青色石阶上。

王妈闻讯放下扇子，急忙赶过来，扶起脸色苍白的俞氏后，又遣人请大夫来。王凤玲将煎好的药，给许夫人端过去后，也匆匆地走来。大夫号过脉后，随即向王凤玲作揖，恭喜太太，此是喜脉。

王凤玲向王妈交代几句，便转身走出俞氏的屋子，来到自己的居所，摘下那根因多次抚摸而变得更为光滑的老松枝，将其横在供桌上，点燃一炷香，双手合十，深深叩拜，但愿生儿子，如此李家这一分支便有了传宗接代的希望。

李叔同听闻这消息，内心并未生出多大的波澜，他正忙着与好友诗酒唱和，也忙着拓展文艺圈，识得画界的朱梦庐、高邕之、乌日山僧等，一杯薄酒，一幅好画，或是一碟糕点，谈谈笑笑间，就成了彼此的心腹。

旧时的朋友竟是这样好交，志趣相同，便足矣，纯粹、透明、干净。之后"天涯五友"便与画界新友在上海福州路杨柳楼台旧址成立了"海上书画公会"。

白日里，他足够风光，犹如阳光下那颗璀璨的珍珠，莹白、滑润、光芒万丈。只是人们不知，多少个起风的夜晚，他伫立在那方"醿纨阁"匾额之下，思绪好似黄浦江上掀起的浪潮，久久无法平息。天空那颗北极星，也是时隐时现，在浓厚的烟雨中，不辨方位。

人间处处即天涯，说好不散的，也会在下一个驿站，各自纷飞。

第三章

历练：蓝田日暖玉生烟

故园梦碎

  落日映得海水半是瑟瑟半是红，风刮起一层又一层银色浪涛，远处的群鸟在水面上翻翼而飞，附近海域的小岛，在蒙蒙雾气中若隐若现。

  光绪二十七年（1901年）二月间，李叔同又漂泊在了海上。来沪两年间，结识"天涯"诸友，与之诗酒唱和；与名流贤达品茗论艺，鉴赏书画；母亲也有俞氏与许夫人相伴，生活不可谓不惬意。然而，儿子出生时那一声啼哭，让他猛然辨得这城南草堂的生活，是驾在云雾之上的，是虚华的，是梦幻的，一切都那么不真实。于是，他想要逃，要折回原来的地方，寻找那个遗失的自己。

  那一日，仆人的脚步也是散乱的，如同他出生时一般。李叔同在客厅之外来来回回地踱步，分不清到底是踌躇多几许，还是紧张多几分，只知自己并未像其他人那样将抑制不住的欣喜挂在脸上。与妻成婚已三年有余，竟仍觉得彼此像个陌生人。

  人们各有各的差事，进进出出险些将门槛踏破。唯有他郁郁寡欢，随着飘飞的落叶，吐出一声声叹息。他本想将这落落的心境，折成红信笺上的诗句，猛然间却听到一声划破天穹的啼哭声，刚刚蘸了淡墨的笔复又停住。这是生命伊始的声音，只是这生命的源头，不知在漫长的岁月中，将会从哪个分支流向大海。王妈满头大汗地走出产房，有些着急地问李叔同为何还不进去看看孩子。

  王凤玲臂弯间的婴儿，被一块红绸布包裹着，犹如一颗熠熠生辉的新鲜宝珠，且散发着有些甜味的乳香。李叔同愣愣的，只是看着，并没有想接过来抱的意愿。王凤玲眼光始终不离开孙子，也没有在意李叔同的反常，而是自顾自地说，简直与成蹊出生时一模一样。这时，她把李叔同称作成蹊，觉得床上的俞氏就是当年盖着一袭丝绵印花被的自己，满心喜悦怀抱婴儿的人即是年过六十的李筱楼。她不禁心生惘然，时光是怎样就让一切都变了样子。

俞氏脸上是苍白的欢喜，就像当年生下李叔同的王凤玲一样，以为迎来了生命的拐角，前方就是满路的姹紫嫣红。她第一次催促李叔同，让他给孩子起个名字。本以为喜好摆弄丹青之人，取出的名字定美且智，华而敏，不料李叔同稍作思索后，便说：李准。如此中庸的名字，所谓准者，揆平取正。

王凤玲此时将孩子小心翼翼地放到李叔同的臂间，孩子眨了一下眼睛，复又安然入睡，而李叔同却忐忑不安，觉得臂间的重量，他无法承担得起。

生命的延续，血液的留传，是他从未想过的事。窗外陡然起风了，他忽然萌生了要回天津看看的念想，况且天津近日战乱不断，文熙一家境况如何，他也颇为挂怀。王凤玲手中拿着老松枝，眼角泛过一丝冷寂之光，只是扔下一句"你喜欢就好"。俞氏已经好久不戴那支银鎏金凤簪，鬓角的几缕发丝无力地垂下来，右手轻轻拍着李准入睡，并不说话，她心里明白，丈夫在与不在是一样的。

王凤玲想着，眼下日子过得再快活，终究是寄人篱下。

帆船驶过，划下一道道水波。海上除却散不尽的雾霭，以及偶然飞过的几只海鸥，一无所有。李叔同用过晚餐之后，便回船舱休息。那一晚，他睡得很沉，竟做起梦来。梦见自己回到家后，见妻子与母亲正相对垂泪，倾诉离别之殇，思念之苦。这般情景，惹得他也潸然泪下。醒来时，天空已然发亮，恍然中方知这不过是一场梦境，伸手抚摸枕巾却发现已被泪痕浇透。

不多时，海船便驶进大沽口。破房瓦砾，残垒败灶，早已不是昔日的繁华模样，他一边提着行李从塘沽登岸，一边想着不知天仙园还在不在，不知粮店后街六十号那座四合院还在不在。他顾不得休息，便赶着去坐开往天津城内的列车，却不期然列车早已开走，只得拖着重重的行李暂时在既没有门窗，亦没有床铺的客栈歇息片刻。其内的客人皆席地而坐，李叔同也便狼狈地蹲在地上等着傍晚那趟列车。

经过一番折腾，李叔同终于抵津。天仙园曾经最为热闹的地方，如今已成一座空楼，徒留几片瓦砾。"见新人不由得我生生惊诧，好一枝春雪冻梅花。"李叔同仿佛看到杨翠喜又站在了台上，腰身依旧纤细如初，举手投足间皆是浓得化不开的欢喜。如今，戏中人已不知何处去，看戏人也无处去寻。一切都过去了，剩下的是什么呢，剩下的不过是片刻的欢愉记忆，以衬托当下的捉襟见肘。

再往前走，李叔同拐进粮店后街，四合院还在，只是那最熟悉的乌漆大门，已不是李家姓。文熙一家早已经因战事逃亡豫中，将房子抵给了旁人。祖上辛辛苦苦攒下来的基业，就这样被炮火炸成了碎片，即便捡得起一星半点，也于事无补。

二月间，天津的风依旧冰凉入骨，如锋利之刀划在脸上，生疼。然而，更疼的是心。李叔同无处可去，只得拎着行李徒步走至城东文熙的岳丈姚家。昔日津门社会名流，金石家王襄，书法家孟光慧，画家马家桐、徐士珍，诗人赵幼梅，皆是李叔同的旧时师友，听闻他回到天津，纷纷前来看望叙旧。唐代诗人司空曙说得好："乍见翻疑梦，相悲各问年。"再相逢时，景变迁，人已老，那些旧事无法说起，当下之境更添惆怅。

北方之仲春，天气乍暖还寒，一天午后竟撒下纷纷扬扬的雪。雪盖住了残破的屋瓦，盖住了颓废的庭院，盖住了堆满废墟的街道，也给李叔同的心附上了一层冰凉。世界白茫茫一片，好像什么都不曾发生过，好像那些战乱留下的疼痛，已经被温柔地原谅了。

只是，雪融化以后，大地仍是满目疮痍。

公学淬炼

天空一角，几丝淡云，风骤然而起，一切不过是虚幻。然而，有太多人执意将梦当作现实。人生不过是一个圆圈，无论怎样走，皆能回到原点。出发，有时不过是踏上了通往原地的另一条路径。从前的起点，也时常是当下的终点。

天气一天天暖起来，雪也化尽了。李叔同收拾行李，决意起程南归。说是归去，其实战乱的年代，哪里还有家，不过是找个有屋檐的地方，暂且避一避罢了。登上海轮，伫立船头，李叔同看着只剩断壁残垣的故乡愈来愈远，最后只在脑海中留下了零星的记忆。

回到家中，他眼底映着几片黄浦江的帆影，摇摇曳曳，靠不了岸。俞氏将李准安放在摇篮里，打开行李箱，准备为他收拾衣物，见到里面一切如旧，只是多了好些散乱的手稿。李叔同起身将手稿一张张拿出来，摊在纹理细腻致密的紫檀桌上。他们依然少言少语，做着最为熟悉的陌生人。

日子就这样不紧不慢地过着，墙角的那枝海棠开了又谢，转眼间已是草木繁盛的夏季。李叔同成天钻在书房里，一杯茶，几片桂花糕就是一个下午，他照着从天津带回来的手稿，抄抄写写，最终整理成《辛丑北征泪墨》一文，前记如是而言："游子无家，朔南驰逐。值兹离乱，弥多感哀。城郭人民，慨怆今昔。"除此之外，李叔同且将《辛丑北征泪墨》中串连的诗词另行辑出，寄给天津的赵元礼先生。

推开窗，恰有一只蜻蜓立在池塘中的小荷上，微风乍起，吹皱了一池清水。李叔同知晓那本寄出的羁旅诗文会在文艺界掀起另一番浪潮，只是这样的风光日子，终将会归于平淡，就像起风之前，那潭平静得没有一点波澜的池水。

母亲终日供奉着那根老松枝，像对待神物一般，只是，她脸上的不悦之色也越来越明显。李叔同已年过二十二岁，既没有考取功名，更别提获得一官半职，甚至李家的产业，也没有完全得到应得的那一份。他终究没走上母亲所希望的那条道路，恍恍惚惚，春夏秋冬轮番走过，他却愈来愈沉默寡言，甚至连与儿子逗乐的兴致都提不起。

秋天来临之时，庭院里的菊花吐出黄色的蕊，性子急的索性先零星地绽放了几朵颜色浅淡的小花。他本打算又要在清塘旁侧的小亭子里消磨午后时光，不料许幻园走过来拍拍他的肩膀，劝他出去走走，要不然该发霉了。巧得很，他刚行了一小段路，便听闻街上散布南洋公学开设特班，招考"能作古文者，预定毕业后优拔保送经济特科"。于他而言，这不失为一条通往官僚阶层的道路，故而决定投考。

几千年来的封建科举制度，至此已是强弩之末，但考试仍是一轮接着一轮。特班共招收二十余人，李叔同最终以位居第十二的成绩被录取。如今再看看那份南洋公学特班学生的名单，不禁钦佩考官的慧眼。邵力子、黄炎培、谢无量、王世澄、胡仁源、殷祖同等人，后来无不走在了时代的前列。

入学时，他名为"李广平"。或许，他就是一个戏路纯熟的演员，在不同的戏台上，完美地扮演着符合当时场合的角色。

王凤玲那颗悬在半空中的心，终于沉下来。她披上已经许久不穿的李筱楼为她量身定做的低领蓝衣紫裙，袖口镶着白底全彩绣牡丹阔边，披云肩上垂着流苏。如今穿在身上，已经稍稍有些大，那些微微褶皱，正是岁月留下的痕迹。风吹来时，浅浅的樟脑味疏疏落落地散发出来。李叔同挽着母亲的胳膊，朝草堂外走去。小桥下的流水，潺潺悦耳；天空中的飞鸟，向南迁徙；金黄的稻穗，预示丰收。

如今，王凤玲对那根供着的老松枝，越发恭敬。冬天尚未至，春日已翩跹而来。

李叔同在学校宿舍独处一室，房间干净且雅致，四壁贴满了书画。走进学校时，他脱掉了时常穿的烟青色锦缎衣袍，换上了当时刚刚兴起来的西服，那顶缀着一方白玉的丝绒碗帽也换成了样式简单质朴的学生帽。这一身打扮，去了几分昔日风流子弟的浮华，添了几许沉着与稳重。

自然，他是深藏大海的珍珠，是出生之日喜鹊为之衔枝的宠儿，那倜傥风流的底色是永远无法洗掉的，那熠熠光泽也是无法掩盖的。每至一处，众人都会以他为中心，以仰慕的姿态，渐渐向他靠拢，进入南洋公学亦然。

同学多为南方之人，说话带着江浙口音，而李叔同作为红遍津门的翩翩佳公子，又时常出入京剧戏园，谈吐间自是不凡，那一口流利的"官话"清晰而响亮。他风度翩然，张弛有度，并不像空谷幽兰，孤芳自赏，而以温和静穆的姿态，融入同学之中。他是万花丛中的王者，却不遮蔽旁人的光泽。

在特科班总教习蔡元培先生的带领下，李叔同在窗明几净的教室里，如雨后拔节的笋、夏日燃烧的莲，热烈地生长着。政治、法律、外交、哲学、科学、文学、外语、伦理等课程代替了旧日冥顽不化的八股文，上午读着英文，学着数学；下午学习中文，习作诗词，间以体操等户外活动，这一切都为李叔同体内注入了新鲜的血液。

"广平，你来修筑祖国与国际的桥梁。"蔡元培先生的目光，在昏黄的灯光下显得格外有神。李叔同一心期望通过变法挽救江河日下的清王朝，但若不懂国际上的公法，又如何能做到知己知彼。于是，在蔡元培先生的引导下，李叔同的英语水平日渐提高，且学会了"和文汉读"，最终翻译出了日本玉川次致的《法学门径书》，以及太田政弘等人合著的《国际私法》。自此，李广平三字流传于史。

在这般境遇里，他恍然觉得那些诗酒唱和的日子如海上的那只帆船，摇摇晃晃，渐行渐远。如今的他，重新变得纯粹、干净。

吟风弄月

在"天韵阁"里，风流客即席赋诗。傍晚之时，初夏的风，还夹带着暮春的气息，稍稍有些凉。天色被摆弄丹青之人一层层晕染，不知不觉间新月就攀上了树梢。桂花疏影映在墙上，斑斑驳驳，风一吹来，窸窸窣窣而响，姗姗可爱。

这"天韵阁"的主人，是沪上三百名长三妓，位列传胪的李苹香。天韵阁里没有姹紫嫣红，莺莺燕燕，不像戏园里以声换情，以姿色讨欢喜。这里只有一朵香遍上海的名花，在宣纸上开成诗。兴致起时，她给自己的居所起名为天韵阁，浑然天成，情韵雅致。

第一次来到此地时，李叔同有一瞬间的恍惚，好似走进了天津城的天仙园。然而，此地没有粉墨登场的戏子，没有手捧金饰求佳人回眸一笑的看客，更多的是一份文人的雅静。莫说戏子多情，这纸上的文章，一撇一捺之间，就好像情人的眉眼，来来去去，就生了火石电光。

月在酒杯中摇摇晃晃，醺然醉意也在清凉的风中散开。李苹香拿来笔墨，风流客们开始为她赋诗。这里是她的领地，诗作得好不好，皆由她说了算。在座的铁鹤、瑶庚、冷钵斋主、补园居士都是天韵阁的常客，唯有李叔同第一次来。按理说，李叔同应该写几行花哨且带着几许朦胧的情诗赠予主人，方才不负美人一笑。而他心中微一思量，执笔在铺好的纸上写下一首七绝：

沧海狂澜眙地流，新声怕听四弦秋。
如何十里章台路，只有花枝不解愁。

李苹香一句句读下来，淡淡的笑里藏着几分深意。诗是好诗，只是这其中并无一句是写给她。聪明如她，怎会不知晓这不过是一个纨绔青年刻意的显弄罢了。在李苹香眼中，忧伤书生随意泼墨时，不过徒有些漂亮的姿态。

李叔同看着她眼窝里的笑意，又连作了两首诗，皆是一样的忧国情调。李苹香心里想着，这些诗如若放在科举考场上，定会获得考官的青睐，只是这里是风月场，一味这样做清高的姿态，怕是有些唐突了佳人。然而，撇开为赋新诗强说愁的诗句，单单看他的字，也足够惊艳李苹香。字用的是小隶，书体秀丽，挺健而潇洒。撇捺钩折之间，有些任性，有些执意，颇有着六朝遗风。就凭这一点，李苹香大大方方地接受了并不属于她的诗。

一丝云飘来挡住了月亮半边脸，天韵阁之外愈来愈暗，之内却愈来愈亮。客来无时，客散亦无期。风流客仍蘸着浓酒泼墨香，而李叔同与李苹香则抽出身来，走至庭院。

天地无声，唯有刻意压抑的心跳如此明显。

说穿了，谁的人生不是逢场作戏。风月场中，吸引彼此的也无非是兴趣。

李叔同连赋三首，并没有令李苹香为之深深折服，且还看穿了自己做戏的姿态，这反倒让李叔同对这个女子多了几分在意。而李苹香虽看不惯他故作清高的姿态，但那些诗倒作得有些功底，尤其是那稍有六朝遗风的隶体小字，在风流客中当排得上名号。

两人身披琥珀色的月华，踏着青石小路慢慢挪步。她那对流苏式的翡翠蝴蝶耳坠在风的吹拂下，前后摇摆，已经戴了好些时辰，坠得她有些疼。李叔同在她面前站定，轻轻为她摘下来，放到她手中。

"请问先生尊姓大名。"李苹香忽然意识到还不晓得眼前这个细心男子的名字。

"惜霜仙史。"李叔同看着她那好似蕴藏着一片湖泊的眼睛答道。置身于风月场中，眸子竟如此清澈，这不得不让李叔同倍感惊异。

在天韵阁中，他再一次因角色需要，换了合适的名字。这种别号，让彼此觉得安全，如鱼潜入水底后，游弋得更为自由，更为自在。即便在交手过程中，付出了真意，捧出了真心，日后转身走入人海后，也可全然当作一场已经醒来的梦。

走了许久，两人的话并不多。慢慢迂回天韵阁时，众人已酒意阑珊，几碟果品也都空了，桌上横竖斜着些诗词，都沾染着些脂粉气。她将手中的那对耳坠递给李叔同，像一朵绽开的夜来香一般，转身端坐到客人中央，蘸蘸余下的墨，也在空白纸上赋诗一首，算是今晚的封印之作。等她一撇一捺写完，李叔同为之一振，诗就像清池中水仙的疏影，清丽之姿，摄人心魂；而那三分小字，横竖之间更是处理得精心细腻。

李苹香抬头迎着李叔同的目光，笑吟吟的，并不说话。风月场中，又将演出一场风月戏，这一次与他过招的不是咿咿呀呀扮唱的杨翠喜，而是天韵阁里会舞文弄墨的李苹香。

与往常一样，不管多晚，家中总有一盏灯等他回来。李叔同未尝没有一丝愧疚，只是他的心一直悬在空中。自始至终，他都不是一个好丈夫，却扮演着一个完美的情人。于他而言，家中的妻子，就好似一杯白开水，无色亦无味，不过是日常所需；外面的女子，则宛如一把折扇，他总是想瞧瞧其中折叠着怎样的景致。

走进城南草堂时，俞氏正给李准盖被他蹬开的丝绵薄被，双眼因熬夜微微发红、内陷。

"还没睡？"李叔同有些于心不忍。

"这就睡了。"俞氏假装没有看见他将一对蝴蝶流苏耳坠放入内兜。

管弦呕哑她不喜欢，笔墨纸砚她也不懂，她只是本本分分地守着这个家，尽妻子与儿媳的义务，此生别无他求，无怨亦无恨，沉静得如同一潭死水，惊不起半点波澜。与其说她对李叔同有爱，倒不如说她已经习惯一直以来的生活方式。

李叔同是要寻绚丽景致的人，直至将这些红尘美景、锦瑟流年都看遍，他才会像贾宝玉那样，彻悟尘寰繁华不过虚幻一场，双手合十转身走入永恒之境。有人会问，如若李叔同知晓自己将遁入空门，还会不会惹下那么多风流债。命运的安排，自有深意，差一步都不会迎来属于自己的结局。正因为尝过爱恨交织的滋味，放手时才决绝、彻底。

痛失慈母

月落乌啼，梦影依稀，往事知不知。

天色越来越白，梦中的场景也渐渐模糊成积着灰尘的玻璃后的风景。那座载满他青春岁月的城南草堂，也如日益没落的富贵人家，一寸寸暗下去。如诗般的岁月，终究只是笔墨的一厢情愿，参差错落地落在纸上，渐渐发黄，西风起时，就不知飘向哪里，最终无踪无影，无处可寻。

那个梅雨时节，雨淅淅沥沥地下着，从清晨至黄昏，始终没有停下的迹象。水珠在屋瓦上、青石小路上，溅起一朵朵小花。王凤玲在开着窗子的厨房里煎药，王妈拿着扇子在她背后扇来些凉风。

"看那许夫人的样子，怕是撑不住了。"王妈边扇边说。

王凤玲瞥了她一眼，并不答话。王凤玲看到许夫人脸上已经没了一点血色，又何尝不知她已经没有多少时日。待王凤玲将煎好的药端至她窗前时，许夫人在许幻园掌心的那只手，已然凉了。

城南草堂没有了女主人聊以助兴，精气神一下子就颓败了七分。滴滴答答下了五六天的雨，在傍晚时分终于停了。黄昏笼罩下的这座大观园，铺满了苔藓。

王凤玲没有了伴儿，也一日日消瘦下去。心口实在闷得慌了，就把俞氏叫进屋来，让她陪自己说说话。其实，说来说去，都是早年她与奥地利公使夫人见面的场景，或是李叔同出生时，比过年还要热闹的气氛，越说越觉得没意思，但下一次还会说起。俞氏沉默寡言地听着，听完了也不说什么。等到沉寂的草堂传来两个儿子的哭闹声时，俞氏才起身走出。

日子寡淡也好，热闹也罢，终究要过下去。

等李叔同从恍惚中醒过来时，已是第二年的春天。他忽然想起，去年冬天，庭院里的那棵梅树并没有开花。往年的梅花开时，他总会掐下一枝，插在白底青花瓷瓶里。

光绪三十一年（1905年），三月，锦缎棉布衣裳换成了丝绸薄衫，气温渐渐回升。梨花开了，一小簇一小簇的，白如雪。有时夜中细雨凉风侵扰，梨花便如六瓣雪花飒飒而落。清晨推窗，看见满地梨花，难免伤感。

李叔同已经好几个月没睡过安稳觉了，隔壁屋中母亲的咳嗽声一波接着一波，让他有种揪心的疼。咳到最后，是有气无力的呻吟，仿佛死神已赶至门外。他不放心，起身随便披上件衣裳，往母亲房间走去。

乌云挡住了月华，只有星星闪着几莹光亮，稀稀落落的，就像李叔同心中渺茫的希望。此时正值子夜，一天中最为黑暗的时刻。

屋内许久不通风，闷得很，险些让李叔同喘不过气来。王妈也是成宿未睡，再加上过度伤心，整个人瘦了一圈，脸颊深深地陷了下去。李叔同让王妈先去休息会儿，这里由他照顾就好，王妈只是站在他身后不动。

在昏黄的灯光下，他看到母亲的脸，如今已经脱了相，不再似往日那般端庄秀丽。渐渐地，这张脸竟和宋贞走时重合，这一瞬间的恍惚让他心底升起一股无名火，也让他乱了阵脚。他执意吩咐王妈将那盒玫瑰胭脂拿来，王妈却颤颤巍巍地说："少爷，还是准备寿材要紧。"这些他并不是不知道，只是经由旁人点醒，就仿佛觉得最不期望的事即刻就会侵袭而来。

李叔同强忍着眼泪，对王妈的话置若罔闻。王凤玲在几经咳嗽渐渐平息之后，似乎用尽平生最后一丝力气，拽住李叔同的手。

"带、娘、回、家吧。"王凤玲闭着眼睛，从齿缝里一字一字地送出这句话。

落叶归根，纵然这几年过得舒心，终究不是归宿。她得回去，让魂灵认认回家的路。

李叔同用王妈递过来的热毛巾擦拭母亲嘴角的几丝血迹，"娘，我去请医生，病好了，咱就回家。"转身刚要迈出房门，又折回来，"娘，一定要等我回来。"

李叔同出门时，正下着雨，走过那棵梨树时，几片梨花簌簌地落在他肩上。顾不得将其拂落，李叔同已经走出好远。

王凤玲终究没有等到李叔同回来。临终时，她抬起沉重的眼皮，望了望墙上那根老松枝。一切都有终点，她的路到此为止。走向虚无的路上，那些欢愉的往事，那些悲伤的昔日，都散在了缥缈的烟霭里。

她未曾留下半句遗言，这并无波澜的一生，这孤独的一生，终究是完结了，又何必留下只言片语，紧紧抓住那些未曾完成的遗憾。

李叔同看着王妈和俞氏为母亲洁身、换衣、明目，插不上手。此刻，他心中反复纠缠的是，没有见到母亲最后一面。入棺时，李叔同迟缓地摘下墙上那根老松枝，放入其内。它伴了母亲大半辈子，理应该随着她去的。

或许，死亡是最大的解脱，然而，四十六载光阴，未免太过短暂。

母亲走了，李叔同心中空了一块，这一空就空了许多年，怎样都填不满。

那一年初夏，城南草堂很多花都没有开，只有草在恣意生长。李叔同料理完上海的事情后，便扶灵携眷，带着全部家什，乘船返回天津。这一条路，来来回回走了好几次，每一次都是不一样的心境。风将他背后的长辫带至襟前，俞氏在船舱内哄着两个儿子入睡，唯有海浪之声永不停息。

天津城近年来虽然渐渐繁荣起来，但仍掩不住破败气息。棺木抬至粮店后街六十号正门前，刚要进去，却被文熙制止："外丧不进门。"在桐达李家，李叔同说了不算，只得命人抬着棺木转进李家旧宅。

多年未曾打理，这座昔日的李家大院已经荒草丛生。这座坐北向南的三合院，已经勾不起李叔同零星记忆，唯有那棵老梅树给了他些许安慰。

待母亲的棺木停稳，他独自一人走进西厢房。母亲的那张雕着石榴百子的大床仍在，只是落了些灰尘。客厅里那架奥地利公使送的钢琴也在，他不由自主地掀开琴盖，掸掸位子上的土，决定为母亲填一首新词，作一首新曲。

> 哀游子茕茕其无依兮，在天之涯。
> 惟长夜漫漫而独寐兮，时恍惚以魂驰。
> 梦偎卧摇篮以啼笑兮，似婴儿时。
> 母食我甘酪与粉饵兮，父衣我以彩衣。
> 哀游子怆怆而自怜兮，吊形影悲。
> 惟长夜漫漫而独寐兮，时恍惚以魂驰。

梦挥泪出门辞父母兮，叹生别离。

父语我眠食宜珍重兮，母语我以早归。

月落乌啼，梦影依稀，往事知不知？

洇半生哀乐之长逝兮，感亲之恩其永垂。

曲毕，泪落衣襟。黄昏，雾霭朦胧。什么都不曾带来，什么也不曾带去，起点与终点无异。李叔同为这支曲取名为：《梦》。

游学东瀛

天津新开河边，张新庄以北，整齐地林立着一排排墓碑，相互陪伴，又如此寂寞。夜幕降临时，偶尔响起乌鸦的声音，不知谁坟头上开了一小丛花，黄色与白色相间，在风中煞是好看。

李叔同拥着一簇花，独自站在母亲坟前，任凭脚下草木恣意疯长，斜风肆虐而过。心中空落落的，却装不下任何事物。相依为命之人，已独自渡到生命对岸，那里定然落英缤纷，没有苦痛、悲伤。

送走母亲时，他用了独特的方式。自从文熙说出"外丧不进门"，他就认定是这个被旧制度禁锢的李家夺走了母亲本该幸福的一生。于是，没有漫天飞舞的纸钱，没有披麻戴孝，更没有哭天抢地的号哭，有的只是静默肃穆的吊唁者，以及李叔同那篇登载在《大公报》上的致悼词。

启者，我国丧仪繁文缛节，俚俗已甚。李叔同君广平愿力祛其旧。爰与同人商酌，据东西各国追悼会之例，略为变通，定新仪如下：

（一）凡我同人，倘愿致敬，或撰文诗，或书联句，或送花圈花牌，请毋馈以呢缎轴幛、纸箱扎彩、银钱洋圆等物。

（二）诸君光临，概免吊唁旧仪，倘愿致敬，请于开会时行鞠躬礼。

（三）追悼会仪式：甲）开会。乙）家人致哀辞。丙）家人献花。丁）家人行鞠躬礼。戊）来宾行鞠躬礼。己）散会。

同人谨启。

棺木放置在客厅正中央，四周满是吊唁者送来的鲜花。棺木上方那根老松枝，好似有着神赐的光泽，像是婴儿格外清澈的眼睛，倒映着这个世界的真相。李叔同在钢琴边坐下，修长的食指缓缓弹奏出舒缓的旋律，琴声如水波般回荡在礼堂中。

松柏兮翠蕤，凉风生德闱。母胡弃儿辈，长逝竟不归！
儿寒谁复恤？儿饥谁复思？哀哀复哀哀，魂兮归乎来！

恍惚间，李叔同听到父亲去世时，那浑厚清明的钟磬之声，彼时他仍是个不知人间苦乐事的孩子，如今他做了母亲出殡的导演。中间的时光，都藏在了哪里呢，他弄不清楚。

天津大街小巷都争相传着，李家三少爷又做了一件奇事。只是，唯有他心里明白，一切都是为了让母亲安心地去往另一个世界。但无论仪式怎样新奇，母亲到底是回不来了。日后，他对弟子丰子恺说，母亲一死，他在人生路上，"就是不断地悲哀与忧愁"，直至出家。

此时，站在王凤玲坟前之人，又换了名字，李哀。欢愉逝去，哀婉不绝。撑不住时，他总是想要逃，仿佛离开痛楚生发之地，便会避开那些不愿亦无力承担的责任。

这一次，他逃得格外远。海风搅起海浪，海浪吞没思绪。李叔同站在轮船上，看着祖国越来越远，最终消失在烟雨中。

东京，一到春天便会开满樱花。风过之处，好似下起一场粉色的樱花雨。

光绪三十一年（1905年），李叔同来到这里时已是秋天，落叶铺径，灰白鸟群飞起又落下。行人匆匆走过，都是陌生的脸。记得的，都是些纷乱的片段，母亲的老松枝，杨翠喜玫瑰色的红唇，李苹香的蝴蝶流苏耳坠，还有俞氏伫立门边逐渐暗下去的眼神。二十多载的光阴，有些是他刻意忘记的，不愿提，生怕往事泛起的尘埃会迷了双眼。

上野不忍池畔，有一座白色的小洋楼，即是李叔同暂时租借之地。房间并不大，却被他布置得井井有条。一张木质的床，床上是叠得整齐的素色被褥。桌上放置着美术与音乐书籍，还有一套陶质茶具。墙壁上满满当当的皆是些碑帖、字画。每至一处新的地方，李叔同总要为居室起一个雅致的名字，正如他总是在不同的场合变换着姓名一样。李叔同为这所装点雅致且具有艺术气息的小洋楼取名为"小迷楼"。

李叔同此时是一名沉静洒然的艺术生，专攻美术与英语。他以全新的面貌穿梭于学校与住所之间，脱掉了昔日的长衫马褂，剪去了长辫，梳着三七分头，鼻梁上架着一个没有脚的眼镜，袭一身硬领硬袖的西装，执一个司的克（手杖），踏一双尖头的皮鞋，简直与当地学生无异。他变得干脆、彻底，是如此想要忘掉那个隔海相望的旧时代。

倘若有什么值得回忆，应该就是母亲了。她就像那盒放置在铜镜前的玫瑰胭脂，淡香弥漫，却渐渐落了灰尘。还有那张雕着石榴百子的大床，明明留有两个人的位置，却只有她一个人蜷缩在锦缎棉被里，挨度黑夜。

在天津城，在大上海，李叔同是大户人家的翩翩公子，走路时优雅中掩饰不住得意，头抬得很高。如今在东京，抱着一叠绘画书，走在街上时，他面带微笑，学会了放低姿态。独处"小迷楼"时，或是静默沉思，或是随意晕染几笔水彩。如若有客来访，他躬身请进门，用温火为其煮茶，用渐渐熟练的日语聊天。生活像是秋日的潭水，趋于平静；也如铺在清冷溪水中的鹅卵石，棱角日益减少。

　　这是适合遗忘的地方，午后清凉的风掀起落着樱花的窗帘，阳光恰好，不炽烈，也不冷淡。他摘下眼镜，搁下未完成的水彩画，起身走至窗边。街上行人很少，唯有几只鸥鸟在池中惊起层层涟漪。

第四章

漂泊：梦里不知身是客

钻研音画

　　松柏苍翠，和风穿林，仿佛是一剂抚慰人心的良药。爱鹰山高耸于眼前，雾气缭绕，影影绰绰。稻谷将熟，黄绿相间，延伸到天际，直至与海相连。

　　此是东京都西南、横滨与静冈之间的骏河湾畔度假胜地津沼的自然风光。李叔同鼻梁上架着一副没有脚的眼镜，站立在画板前，将这番景致一笔笔挪到纸上，并为这幅夕阳水彩画取名为《津沼风景》。

　　落款为"李哀"。李哀，此是李叔同在东京的名字。一个"哀"字，与幸福无关，不过是一种淡薄的感受。这般感受并非撕心裂肺般的痛楚，而是一种绵延流长的哀愁，在血液中循环流淌，生生不息。与锥心之痛比起来，潺潺而流的悲哀才更让人无法消受。

　　兴致起时，偶会访友，或拜见尊师，更多的时候，李叔同则喜欢独来独往。因唯有此时，那些渗透在血液里的悲哀，才会如此强烈地撞击着他。有人曾说，平静、圆润、达观，是做人合该有的姿态，但这并非艺术的特质。真正震颤人心的艺术，总是与人灵魂深处的哀伤和起伏相关，与深深的执念相连。独自一人时，李叔同才会在异国他乡，感受到寂然、萧索、凉薄。

　　访友见师时，他习惯于穿一袭笔挺的西装，以彰显他低沉儒雅的气质。而在外写生这一日，他换上了藏青织花和服，腰间系着一条黑色绉布腰带，温和却掩不住落寞。

　　他总是有意无意地将自己塞进忙碌的生活中，只为不让大海彼岸的回忆猛然袭来，只为做一个与过去完全不同的自己。除却单纯的绘画写生，李叔同也萌生了编印一份《美术杂志》的念头。恰在此时，日本政府应清政府的要求，严格限制中国留学生之行动，筹办中的《美术杂志》也由此作罢。在"留滞东京，索居寡侣"的窘境之下，李叔同心有不甘，只得转变方向，在音乐中寻求寄托。

他曾在上海得到过启蒙教育，对音乐有着极为浓厚的兴趣。留别祖国时，那一首流淌着少年血泪的《祖国歌》，鼓舞了国人的民族自信心，也让他深切感受到了音乐艺术的推动力。

绘画梦无法延续，音乐梦在拐角处，遇到柳暗花明。黑夜中，独自漫步，黯然低头时，偶然瞥见水面满是闪烁的星光。命运，总是让人在最深的绝望里，遇见最美丽的惊喜，以此引导人们满怀期望地顺着人生之路，一直走下去。

前尘之事，早已留在了平行时空中。偶然的或是刻意的回首，非但未能挽回零星记忆，反倒惹得泪眼婆娑，满心惆怅。

新年伊始，李叔同独自在"小迷楼"里，蘸着淡墨，为《音乐小杂志》写序。

闲庭春浅，疏梅半开。朝曦上衣，软风入媚。流莺三五，隔树乱啼。乳燕一双，依人学语。上下宛转，有若互答。其音清脆，悦魄荡心。若夫萧辰告悴，百草不芳。寒螿泣霜，杜鹃啼血。疏砧落叶，夜雨鸣鸡。

天津旧宅子里那棵老梅树，定然也嵌着一朵朵零星的小花，风起，花落。那里是母亲最后停留的地方，想必俞氏定拉着儿子的手，前来坐坐，就像王凤玲时常抱着李叔同坐在深宅里一样。

俞氏，想起这个名字，李叔同心中升起的更多是陌生感。这个女人，始终在他身边沉默，且将一直沉默下去，直至生命终结。对于她，李叔同说不清是喜欢多一点，还是习惯多一些。或许，这就是习惯的喜欢。

在这个岛国里，他并不想念任何一个人，或者说，他不敢想念他们当中的任何一个。他只是想念一种氛围，与"天涯五友"高声唱和，与粉红佳人眉目传情的氛围。只是，如今想起来，那般时光都是梦一样的存在，大朵大朵的玫瑰花开，而后又悄然谢落。

这些断断续续的情绪，并不让李叔同觉得难为情，反而成了他创作音乐的灵感。《音乐小杂志》除却日本人所作的两幅插画与三篇文章外，封面设计、美术绘画、社论、乐史、乐歌、杂纂、词府各栏均由李叔同以"息霜"之笔名一人包办。

其规格为六十四开，只有三十页，却容纳了十九项内容，其中木炭画一幅、木版画两幅、文章七篇、乐歌三首、词章五阕，分类甚为详细。

呜呼！沈沈乐界，眷予情其信芳；寂寂家山，独抑郁而谁语？矧夫湘灵瑟渺，凄凉帝子之魂；故国天寒，呜咽山阳之笛。《春灯》《燕子》，可怜几树斜阳；《玉树后庭》，愁对一钩新月。望凉风于天末，吹参差其谁思？冥想前尘，辄为怅惘；旅楼一角，长夜如年。援笔未终，灯昏欲泣。

没有亲人在侧，没有友人相伴，他终究是寂寞的，强劲的风一声声叩击着窗棂，屋内的灯欲明欲灭。执笔的手，已然冻得通红。然而，他并没有心灰意懒，笔端汩汩流淌而出的绘画与旋律，以及这篇为《音乐小杂志》作的序，都是心灵的慰藉。他以坚忍的耐心，等待着樱花开遍枝头的时节。

光绪三十二年（1906年）二月初八，《音乐小杂志》第一期在东京三光堂印就，心间跳跃的五线谱终嵌进了书页，延续了他的艺术情怀。五天之后寄回国内，20日由尤惜阴在上海代办发行，定价为二角八分。

早春的风，仍旧有些凉。一日，李叔同出门写生时，抬头猛然瞥见小楼对面的那棵樱花树绽开了几朵零星小花，花瓣粉粉嫩嫩的，就像刚刚出生的婴儿，也仿佛是那份刚创刊不久的《音乐小杂志》。恰在此时，东京美术学校的录取通知书寄到他手中。对于命运，他总是心存感激的，即便时常置身于茕茕孑立的处境中。

第一期《音乐小杂志》出版之后，原拟续出第二期，且刊登了编辑部征稿启事。然而，世事多变，这份定价颇高，印数也并不多的《音乐小杂志》，终因人手、经费之不足，以唯一的一期，变成了历史遗迹。自此之后，再无后续。

人生很多事，又何尝不是这样呢？美好的愿望，总会遇到绊脚石，而后便了无踪迹。然而，也不必悲伤，毕竟做梦的日子，心情与天空一样，总是湛蓝的。

异国之恋

不忍池边，有一片樱花林，每值花季，千树万树于一夜之间骤然盛放。旁侧的宽永寺森然矗立，在缥缈的雾霭间时隐时现。天还没大亮，西方的残月亦未隐退。

在东京，李叔同总是醒得很早。醒来后，他有时会面对一个静物，画上几笔素描；有时，什么也不做，只是躺在床上，望着印有樱花的天花板出神；有时，也会换下睡衣，穿上和服，走下楼来，在不忍池边漫步。

其实，这个国度最吸引他的并不是春季，纵然此时樱花树上满是繁华与绚烂，像是粉红色的梦一样。他最喜欢秋天，菡萏已凋谢，荷叶已枯萎，零乱寥落地铺在水中，别有一种颓败寂寞的美。他总是能在濒临消殒的颓势里，找到艺术的灵感。

只是，这一次，他在失眠的清晨，寻到的并非绘画新的构思，也不是一段动听的旋律，而是无意中推开了爱情的一扇门。大洋彼岸的女子，他几乎记不起她们的样子，只觉得她们像是铜镜后的景致，只可远远观看，再也不可触及。

那一日，他在不忍池边微微俯首，静静地看着池中那轮还未来得及隐去的月亮。一个穿着浅红色和服的女子从他身边悄然走过，像是风一样，几乎不曾留下一丝痕迹。而李叔同还是敏感地抬起头，用目光追逐着她的踪迹。她不同于天仙园的戏子，不是沉默寡言的大家闺秀，也不是天韵阁中摆弄丹青的妓女。如若非要拿什么来比喻眼前这个女子，怕也只有春天的樱花与冬天的雪，干净、纯粹，不带有任何矫饰，更无从说卖弄风情。

经历了太多繁华，就想要找一份无人打扰的寂静。看多了太多浓妆艳抹的女子，就想遇见一个天然雕饰的姑娘。几秒钟的犹豫之后，李叔同叫住了她。回眸之时，她那略带惊愕的眼神中，好似装着一片澄澈的湖水，倒映着他满心的欢喜。

他用并不太熟练的日语与她沟通，对方蹙眉时，他便辅以手势。几刻钟过后，当她听懂他邀请她做裸体模特时，红晕镶上红扑扑的脸颊，却没有拒绝。

不知为何，初次见面，便有种久别重逢的亲切感。

几天之后，她轻盈地来了，并未刻意打扮过，仍旧穿着初见时那一件衣衫，淡碎花和服，略有些旧的质感。李叔同让她在桌子斜对面的椅子上坐定，晨光透过纱窗照进来，铺在她左侧的脸颊上，与右侧稍暗的脸颊形成恰到好处的对比。

她先是小心翼翼地摘下樱花状发饰，轻轻从木屐中移出双脚，弯腰褪去白色袜子。而后，她低眉颔首，无声地解下和服束带。从内至外，一件件衣衫，就好似包裹着她粉嫩身体的花瓣。在他的注视下，花瓣一片片剥落，飘零，直至她以自然之身完全袒露在他眼前，纤尘不染。

他从未问过她的名字，当她如花心般呈现在他面前时，他已在心里呼唤出了她的名字——雪子。晶莹透亮，无声开放。

此时正值冬季，她手心却微微出汗。根据他的指示，她赤脚走至床边，侧身而坐，左手将头发拢至背后，右手随意摆放，脸颊稍稍向后，半回首。

他拿起画笔，长时间地凝视着她。而她用同一种姿势静静坐着，眼中是小鹿乱撞的神情。她是美的，美在不自知。他定格了这具胴体的美，一笔笔勾勒、描绘，每一线条的走向，都直指神秘的仙境。

黄昏之时，屋中渐渐暗下来，她身上那束耀眼的光，逐渐变得柔和、温存。李叔同惊讶于这朝夕的变化，他用洞悉人生的睿智眼神，认领了独属于她、但她从未感知的美。日落之时，纸上已成一幅锦绣。他放下画笔，摘下眼镜，走向窗边，看着不忍池边最后一只白鸥飞起。

她起身从矮凳旁拾起散落的衣服，小心翼翼地包裹起微微颤动的身体。李叔同转过身来时，恰逢她系好腰间的束带。他朝她笑笑，这笑中满含谢意与欣赏。雪子长长舒了一口气后，也笑了，明眸皓齿，有着淡淡的栀子花香味道。

她拿起桌上那幅画，画中的她像是未熟的苹果，有着涩涩的味道，但那小腿至脚踝凹凸有致的玲珑线条，像雾一般朦胧的软糯乳峰，又让她分明像一朵灼灼其华的桃花，开得饱满，开得热烈。

李叔同站在窗边，注视着这个专心看画的女子，有那么一瞬间，他仿佛觉得自己关于爱情的感受再度复活了，这份感受无关于大洋彼岸任何一个女子，而独属于眼前这个纯净的女子。

爱情，哪里需要什么理由。看见彼此眼中自己的影像时，情愫便会像海中的水草，恣意暗生。

在那幅含苞待放的裸体画上，他署名为"李岸"。漂泊了这么久，心灵终于找到了寄托。

之后，李叔同带着这幅画参加了"白马会"年展。"白马会"是他的老师黑田清辉于1896年创立的油画创作团体，成员多是来自东京美术学校有留法经历的教师。其参展的作品，即代表日本油画的最高水准。李叔同能跻身其中，自然说明他的绘画艺术已然被绘画界所认同。

《都新闻》报记者这样评价他参选的画作："四十七号李岸氏的《朝》，用笔、用色都很大胆，只是用笔原非清国人所擅长的笔法，好像是刚刚学来的。然而，作为新时代第一个清国人，如此新奇独特的画法，倒是很有意思的。"字里行间，满是对他的赞赏与肯定。而他清楚地明白，这一切都与雪子密切相关。

朝夕相处时，雪子猜想他这般睿智深沉的男子，定然在大洋彼岸遗落着几段暧昧的故事。只是，他不主动说，她也不会主动问。直至有一天，她在他桌上看到那份《国民新闻》报上一段有关"清国人志于洋画"的报道，她才安下心来。

"您的双亲都健在吗？"记者问。

"都在。"

"您不想念故乡吗？"

"不。"语气是那样斩钉截铁，似乎要把一切连根拔起。

"那您的太太呢，您有孩子吗？"

"我是一个人，二十六岁了，还是单身。"李叔同是这样急于将过往都抹去。

放下这份报纸，雪子明亮的眸中，更添了几分神采。就这样，她把最美的情，开在了爱情的盛年，而他张开双臂，拥着这份异国他乡的温暖。

醉心话剧

不忍池边的樱花绽放时，李叔同牵着雪子的手，带她去看一出前不久刚兴起来的西洋戏剧。

那一日，雪子是刻意打扮过的。紫色的印花和服上，缀满了洁白如雪的小花。密密的针脚，缝着细微的情愫。腰间的那条纱质的系带，更衬出了她那纤细如垂柳般的腰肢。发髻上别着一只扇形梳篦，小巧雅致。

李叔同注视着她时，觉得爱情真是奇妙，本以为再也不会动心，就这样在设防的某个时刻，不经意间生了情。那些昨日的伤与痛，仿佛在这一个港湾，渐渐愈合、结疤。

剧院里，人声鼎沸，与天仙园中全然不同。台上那个演《奥赛罗》中苔丝狄蒙娜的女子，没有婉转的声腔，只是用略显夸张的对白，叙述着戏中的爱情。身上的服装，是小说插画中层层叠叠的蓬裙，再搭一条拖至膝盖的蕾丝披肩。至于人物背后的布景，更与往日所见有别，虽不逼真，更谈不上奢华，倒也能与剧情相配。

戏剧演至高潮时，李叔同右手紧紧牵着雪子，左手托腮，觉得第一次在天仙园听的那出《梵王宫》，如石子一般渐渐落至海底。他明白了，艺术有更为清明的境地，姿色充其量不过是衬托。台上艺人收放自如的表演，为他指明了一条道路。

雪子的眼窝中，渐渐盈满了眼泪，洇湿了她脸颊上精心涂抹的胭脂。李叔同知道，这是爱情的力量，更是从容的表演所绽放出的艺术。

大洋彼岸的戏剧，想必还是老样子，几叠捧场子的银票，一张堪比西子的面孔，几声黄鹂般清脆糯软的吟唱，就撑起了一台戏，至于戏剧有无高潮迭起，都是笑谈而已。或许，他可以改一改旧戏剧的路子，学一学这声色并茂、感情饱满的西洋戏剧。

心思一旦活动起来，就难以压制下去，这向来是李叔同的性子。

清光绪三十三年（1907年）二月十三日，帷幕徐徐拉开时，一朵樱花在枝头悄然绽放。

背景是巴黎郊外，村落在恣意生长的丛林中，参差掩映。舞台上的道具简单而重点分明：一个典型的乡村式厅堂。厅堂正面是壁炉，炉上挂着一面镶着普通玻璃的镜框。壁炉两侧是可以开合的门，透过这扇门可以看得见园子里的景色，苍翠欲滴，间以黄白小花。

壁炉前，李叔同扮演的玛格丽特，慵懒地坐在沙发上。波浪长发上戴着一顶插花便帽。上穿粉红女式西装，下配以白色拖地长裙，轻盈而淡雅。那因饿了几顿饭而瘦下来的纤细腰肢，以及刮去胡子而显清秀的面容，正是个风姿绰约的俏佳人。听到有人敲门时，他不急不慢地站起身来，高高瘦瘦的，让台下的观众觉得，这恰是他们想象中的玛格丽特。

来客是曾孝谷扮演的杜瓦先生。早些年在国内时，他就是地道的戏迷，会随口哼一些二黄，对西洋戏剧也接触最早。此时，他着一身西服，头戴一顶礼帽，看上去颇有几分法国贵族的气质。

悲痛万分的玛格丽塔，用纯正的中国话诉说着与爱情有关的字句，那富有磁性的低沉嗓音，更让台下的观众屏气凝神。最终，玛格丽特并没有说服杜瓦先生，允许她与他儿子相爱。帷幕落下时，玛格丽特仍旧半倚在壁炉前，等待着情人。只是，这等待将是永远。

每一句念白，每一个悲伤或欢愉的表情，甚至每一个动作，台上那个穿着长裙之人，都在恍惚中分辨不清自己究竟是李叔同，还是玛格丽特，甚至是天仙园中风情万种的杨翠喜。

演员表上，玛格丽特的扮演者，不叫李哀，亦不叫李岸。刮掉胡子，匀上胭脂，穿上长裙时，他就成了从前的自己——擅长风月游戏的惜霜仙史。

帷幕徐徐闭合时，不忍池边微风乍起，那朵早春的樱花清香扑鼻，清池中的碧水漾起一片涟漪。李叔同与众演员深深鞠躬，伴着经久不息的掌声，他第一次觉得无论梦中还是梦外，都可以如此幸福。

多年以后，戏剧家松居松翁再回想起这次演出时，仍对李叔同的表演赞不绝口："李君的优美、婉丽，绝非本国的演员所能比拟。倘使

《椿姬》（即《茶花女》）以来，李君仍在努力这种艺术，那么岂让梅兰芳、尚小云辈驰名于中国的剧界。"

刮掉胡子，饿出细腰，对着镜子学女子的笑，走路迈着细碎步，李叔同在租来的屋子里，演着演着仿佛忘记了自己是男儿身。不疯魔不成活，如今想来，是对的。这出《茶花女遗事》塑造了一个新的李叔同。"最是那一低头的温柔，像一朵水莲花不胜凉风的娇羞。"

李叔同没有灵感时，常常盯着雪子看，看她那罗袖迎风的身段，看她那插在发髻上的竹梳，看她那如湖水般干净的眼睛。他已经好久不画画了，她也好久不裸露着肌肤让他领略她的美。此时，他长时间地盯着她，难免让她红了脸颊。有时，李叔同会觉得，雪子是另一个俞氏，顺从、温和。只是，雪子那不谙世事的天真，与俞氏划清了界限。

在与雪子的朝夕相处中，李叔同对女性的肢体动作、心理状态、表情语言了解得愈来愈深入，模仿得也愈来愈像。从妓女、贵妇到少女，他皆有所尝试。雪子不懂剧中爱恨交织的情感，也不懂李叔同的如痴如狂，只是静静地陪在他身边，小心翼翼守护着这份爱情。

加入春柳社的人越来越多，在日留学的欧阳予倩也成为其成员。演戏上了瘾的李叔同与曾孝谷决定排演《黑奴吁天录》。这一次李叔同仍身着粉色洋装，扮演摇曳生姿的爱美柳夫人。之后便是在《生相怜》与《画家与其妹》中将低眉含羞的少女扮演得惟妙惟肖。

渐渐地，他兴致淡了。或许，他已经赢得了他想要的。静静地看着雪子，将行头一件件叠好，放进衣柜，李叔同松了一口气。

恰在此时，清政府驻日使馆觉察到了《黑奴吁天录》的革命意图，即下令日后凡参与此类演出者，一律取消其留学费用。故而，春柳社的活动不得不中止。

就这样，他告别了舞台，又换上了藏青色和服。这终究是一段华丽的冒险，历经了险滩，体味到了刺激与快感，一切足矣。

重回故里

从哪里来，还是要回到哪里去，在天之涯的漂泊，终会在一处落脚。

清宣统三年（1911年）三月，正值东京樱花初绽时。李叔同摘下一朵，插在雪子的发髻。风仍旧有些凉，拂在脸上，让人有种涩涩的冷。

来时，孤零零一个人。回去时，是一对如花美眷的璧人。想必，这便是生命给予他的馈赠，只是，多年以后，他才明白，凡是馈赠皆要还，而他无力还清。

游轮掀起了千层海浪，雪子坐在船舱内，摩挲着母亲亲手为她缝制的结婚礼服，眼中是忽喜忽忧的神情。她抬头看站在甲板上的丈夫，风掀起他平整得没有一丝褶皱的西装一角，吹乱了他的头发。他的背影是那样孤单，那样遥远，让雪子觉得她的陪伴，是那样多余。

许久以来，他都沉浸在艺术的世界里，沉浸在自己的想象里，说到底，他心中那座大观园始终不曾崩塌，于其中他唱着自哀自怜的曲，晕染着深浅分明的线条。外面的世界，是风是雨，是阴是晴，他不愿理会，也理会不着。

游轮并没有停在天津港口，而是转道去了上海。李叔同将他与雪子的新居，定在法租界一间简单的公寓里。屋内的空间并不大，四壁也没有多余的装饰，雪子觉得空荡荡的，心里压抑得险些透不过气来。在李叔同还未说话时，她第一次提议将那些有着明暗层次的画作挂在墙上。于是，墙壁上又挂满了绘画作品，如同东京那座"小迷楼"一样，这让雪子觉得心安。

来到上海，雪子开始学做一名中国太太。李叔同陪她在绸缎庄里量身定做了几身旗袍，一身是元宝领如意襟的素白色丝绸旗袍，一身是竹叶领琵琶襟的浅紫色锦缎旗袍。齐腰的头发用一支金镶玉步摇挽起来，静静坐在椅子上时，她像极了一个典型的大家闺秀。

有他的地方，就是她的家。她总是这样想着。陪在他身边，与之看遍流年，携手终老。这是她心中最完整也最烂漫的愿望。无论是在樱花开放的东京，还是在他的故土，于她而言，都是一样。

爱情，从来都是追随与成全。

风渐渐暖了，吹绿了岸边倒垂的柳枝。

李叔同决定回天津老家一趟，并没有打算带雪子同去。

"天津家里情况不好，你还是留在这里吧。"李叔同看着窗外那只翩然而过的蝴蝶。

挽留，从来都是徒劳，况且雪子向来把他的话当作神的旨意。她只是垂下眼睑，淡淡地问他何时回来。

天涯的游子，哪里有归期。闺房中的佳人，却只得把漫长的时日交付给等待。李叔同只说了一句"很快的"，就提着行李转身离去。他并不知晓，对等待之人而言，每一秒都是煎熬。被爱之人，总是这样有恃无恐。

叩响桐达李家乌漆的大门时，李叔同想着已经有多久不曾来到这里了。时间，真是让人害怕的东西。

俞氏拉着儿子的手，站在西厢房门前，怔怔地看着他，并不说话，与往常无异。王妈颤巍巍地走过来，接过他手中的行李，就这样，他再一次走进了李家大门。

收拾妥当之后，他开始着手布置"意园"旁边那座徒有其名的洋书房。添置了一套红木家具，又摆上了一架钢琴，且把那幅画着雪子的裸体油画挂在了墙壁上。至此，洋书房终于有了真正的西洋画。

孩子们看到后，捂着嘴咯咯地笑着。俞氏看了一眼，就垂下了头。

在他的世界里，她从来都不是唯一。她知晓画中全裸的女子，定与丈夫有着千丝万缕的联系，只是她不善于说破，而这一点也正是李叔同所喜欢的。每个人都是独立的，各不相干，相互依存不过是暂时的，又何必因此禁锢了彼此的自由。

话虽如此，李叔同心中仍含愧意，甚至不敢与俞氏对视。一个人独坐，俞氏端来泡好的茶，以及烹制好的糕点时，李叔同恍然觉得她与母亲越来越像。母亲时常抚摸那根终随她而去的老松枝，俞氏则与王妈为伴，看着这两个孩子渐渐长大。两人的眼神是一样的，不存在零星仇恨，有的只是打捞不尽的哀怨。她们都爱着一个并不爱她们的男子，不敢回头看来路，也看不清未来的样子。

每每在西厢房中对着那方老铜镜梳好了三七分头，擦亮了尖头皮鞋，他便走进挂着裸体画的洋书房会客。若无客来访，他便读读书，习习字，或是画几笔油画，弹一首曲子。

此时的他，并不愿深究生命的真相。清晨尚未到来，红楼梦尚未做完。

在距离天津一千多公里的上海，雪子透过落了灰尘的玻璃窗，望着庭院中渐渐枯萎的花，不发一言。相比初来上海时，如今的她，堪比黄花瘦。

思念的味道，是甜蜜伴着忧愁。这种滋味，李叔同也尝过，只不过，他远不如爱过他的女人们体会得深切。

他明明在俞氏身旁，俞氏仍旧觉得他在大洋彼岸，在角落里看着他纤瘦的背影，觉得一切都那么真实，却又带着一丝恍惚之感。无论他在眼前，还是在远方，俞氏都以自己的方式，思念着那份从未得到的爱情。而雪子全然不同，她的天真赋予了她言说的能力。丈夫在身旁时，她像一只小鹿，蹦来蹦去，全然不知相思为何物。一旦李叔同走出他的视线，她心中便燃烧着焦灼，渴盼他出现。

多年以后，俞氏仍将思念的味道守口如瓶，而雪子在与丈夫执手终老的幻梦中醒来后，将思念变成了一种习惯。

一个人，两个家庭，李叔同并没有丝毫不适，不适的是那两个深深爱着他的女人。

家业凋零

几场秋风秋雨过后，天津城迎来第一场雪，很薄，一落地便融化。"意园"中唯有一枝梅花探出来，为这个冬季、这个时代添了一抹亮色。

地上一片泥泞。路，终究是不好走的。

弹琴绘画的时光，看似悠闲，时间一长，也难免让人觉得无聊。青春一瞬而逝，那些深一脚浅一脚走过的路，走过也就忘记了。每一寸光阴都不会重来，但谁不是常常将如此珍贵的时日浪费在重蹈覆辙上。

李叔同站在洋书房中，看窗外飘飞的雪，心想这样的天气，袁希濂该不会来了。正想着，袁希濂就披着一个羊毛呢披风迈过大门槛，顺着青石板路，一步步朝洋书房走来。李叔同心里一阵暖，恍然了悟有些人、有些感情，非但不能逐渐暗淡下去，反倒因时光的侵蚀而愈来愈厚重。

袁希濂自留学归来后，在天津任法官。李叔同与他时常在这间挂着裸体画、摆放着钢琴的洋书房中，回忆起早年在城南草堂的纯净时光。如今想想，那时的欢愉如此简单，一首小诗，几幅字画，品评唱和间，已是夕阳染流云；那时的忧伤也甚为纯粹，可以莫名地掉几滴泪，亦可以一言不发地闷上一天，无论怎样，不会在心里留下伤疤，过后就忘了。

如今，天涯之友各自沦落天涯，再聚齐已不知何年。

袁希濂走时，雪停了。李叔同透过两层玻璃的窗子，看了一会儿庭院的景致。说是看景致，其实是在出神，在这个大家庭中，他看似置身其中，实则已走上了另外的道路。回过身来，目光定在那张全裸像上，如花般的身体，以绽放的姿态，释放着她的羞涩，以及那份等待他回应的爱情。

站在当下，回首看过往，那时的人、事、物，仿佛都是梦中场景一般，显得那么不真实。如若此刻雪子并没有在上海法租界一间简陋的房间内等他归来，他定然会觉得在东京的那些日子，宛如窗外的那场雪，转眼间就融化了，留下的不过是些氤氲的水汽，以及朦胧的幻想。

他随即笑了，笑自己流浪多年，惹下了如此多的情债，却无论如何也找不到最初的自己，至于回家的路，更是无处寻觅。

恰在此时，小儿子跑进来，脸颊冻得红扑扑的，头上还落着几朵未曾融化的雪花，"二伯摔倒了"。

正房客厅里，文熙瘫在一张太师椅上，脸色铁青。

"朝廷下令，全改官盐了。"

李叔同听后，心中如下雪天一般，冰凉。桐达李家经营了几辈的盐业，毁于一旦。随之而来的是，金融市场混乱，各大钱庄票号相继破产，继而趁机侵吞客户存银。李家的百万资产先是倒于义善源票号五十余万元，再倒于源丰润票号数十万元，局面犹如大厦崩塌，资产顷刻之间荡然无存。

文熙铁着脸，一话不说，但凡能收拢的家当全都收拢到了自己名下。李叔同仍旧是庶出之子，在这个大家庭里，说出的话就如一阵风，还未让人听清，就散了。

俞氏对于当下的处境，并没有抱怨。富日子苦日子，于她而言，并没有什么太大的区别。只要还在李家大院一天，他们母子就饿不着，毕竟他们仍是李家的一部分。只是，当俞氏看着两个孩子怯生生地站在李叔同面前时，就有种揪心的疼。她对他的爱是缄默无语，儿子对他的爱多半出于敬畏。

李叔同从未好好履行过丈夫的责任，如今，他又辜负了父亲这个称呼。

坐在洋书房里，他已许久不作诗，钢琴盖上也落了灰尘。他终日这样坐着，无所事事。是提不起兴致，更是逃避。

他是过客，不是归人。

俞氏在屋内坐着刺绣，这就像她的沉默寡言一样，成了一种舍不掉的习惯。一针一线，用密密的针脚，在枕上绣出精致的鸳鸯图案，同时也将漫长的等待时光，缝进了自己渐渐枯萎的生命里。她看着李叔同收拾行李，并没有放下手中的针线，针针仿佛扎在自己的心上。失神时，有一针扎在左手拇指上，看着血一点点渗出来，俞氏只是轻轻吮吸了几口。而后，她放下还未完成的鸳鸯枕，起身帮李叔同叠要带的衣衫。

从他提着并不重的行李迈进大门的那一刻，俞氏就清楚，他不会永远留下。画中那个一丝不挂的女子，紧紧牵引着他的目光，也占据着他的心房。如若有一天，他说要走，定然是为了她。俞氏看着窗外开得正盛的梅花，觉得一棵树尚有繁华之日，自己的生命为何开不出一朵花。这样也好，不开花也就不会谢，没有波澜的日子纵然平淡了些，到底也不用害怕哪一天会被狂风巨浪卷起。

再过几日就是除夕，李叔同却坚持要走。俞氏一手拉着一个孩子，话刚要出口，又生生咽了下去。她心里清楚，有些话不如不说，说了反而让彼此都尴尬。迈出大门时，李叔同甚至没有勇气回头。

人生有太多的岔路口，不知向左还是向右。其实，命运早已设定好了轨迹，世间所有的纠结与纷争，也都会尘埃落定，只是当时不自知，待到日后回忆起来时，才恍然明白岁月的深意。

俞氏站在门外，望着他离去的方向，觉得他还会回来，于是又将时光交付给了毫无希望的等待。只是，有生之年，她再未见他提着行李，迈进桐达李家这扇乌漆大门。

他是浪子，终要以天涯海角为家。她是深闺少妇，终要把等待像刺绣那样刺进生命。谁都没有错，错的只是这一圈圈流年。

第五章

求索：江春不肯留行客

教书办报

有人说过，世间唯一不变的是改变。

曾经的大上海，歌舞升平，即便是在瑟缩的冬天，也热闹异常。如今，辛亥革命爆发，时局动荡，再加上金融危机，大上海早如雪融化之后的道路，成了一片泥浆烂污，丑陋至极。

这本是个暂时落脚的地方，李叔同却将这里当成了归宿。人与城市的缘分，从来就是这样让人猜不透。

雪子穿着一件紫色斜襟绸缎夹棉旗袍，站在庭院里。李叔同提着行李，走进大门，将一件羊毛呢长大衣披在她身上。所有等待的光阴，在这一刻都得到了代偿。那些不眠的夜晚，以及那些无声的眼泪，也都是值得的。纵然，他在身边，雪子依旧觉得，他是那么遥远，如同天上的星辰一样。

外面的局势一日不如一日，人心就如风中乱飞的纸屑，惶惶然辨不清方向。那座桃花源般的城南草堂也没能幸免，许幻园的百万资产，亦如桐达李家那样，一夜之间就成了泡影，分文不剩。无奈之下，他只得将这座寄存着歌唱风雅时光的城南草堂低价卖掉，以便偿还债务。上海已没有他的寄身之处，许幻园只得前来与李叔同告别，而后北上谋求生路。

往昔，一壶热茶就是一段有诗点缀的清明日子。如今，青花瓷杯中的茶，渐渐冷却，两人仍只是一声声叹息。相聚的日子，终有尽头；从前的时光，唯能记在心里。天涯海角，愿君珍重。留下之人，也只能为对方默默祝福。

夕阳染红了流云，雾霭笼罩了整条小巷。城南草堂已在不相干之人名下，许幻园也慢慢消失在李叔同的视野里。桌几上的茶，再等不来一个知心人。

跳动的音符，片段式的旋律，在李叔同脑中断断续续地出现。他回想着从前轻狂的岁月，任手指自由地在黑白键上跳跃，那些满上又空了的酒杯，那些随心泼洒的诗词，那段流洒奔放的青春时光，都在旋律中找到了归宿。李叔同一边弹，一边在琴谱上记录。雪子本想为他披上件衣服，又怕打扰了他，迈进门的一只脚又悄悄退了出去。

许久之后，旋律如水般流畅，落在之上的词也在删删改改中理顺。

长亭外，古道边，芳草碧连天。晚风拂柳笛声残，夕阳山外山。

天之涯，地之角，知交半零落。一瓢浊酒尽余欢，今宵别梦寒。

一曲弹毕，泪水已打湿衣襟。相见时难别亦难，不经意间，他们像蒲公英一般，在风中，四散飘零。

生活再惨淡，也终究要过下去。除夕过后，新的一年又开始了。

时局所致，李叔同已不再是伸手就能从李家钱庄拿钱的公子哥，为了支撑上海日常的开销，他也得踏踏实实干事。故而，应好友杨白民之请，李叔同成了一名普普通通的教员，于城东女学教授国文。

昨日还是醉心于艺术的翩翩公子，今日摇身一变就成了为养家糊口而奔波的教员，命运的转角处果真有让人意想不到的景致。

城东女学是一所民办学校，学生入学时不设门槛，凡有志学者，年龄、学历一概不论。最有趣的是，黄炎培亦是本校教员，其夫人王纠思则成了他的学生。黄炎培是老师，别的学生该称她为黄师母，可她又是与大家坐在同一个教室里上课的学生。不仅如此，黄炎培的两个女儿还与母亲在同一个班级，彼此在称呼上很是难叫。

李叔同在这里极为清闲，不过是照着课件讲义，普及些基础知识。然而，越是闲下来，心就越空，挥之不去的忧伤随着没有方向的漂泊重重向他袭来。这份薪水微薄的工作，终究让他无法安定下来，他还是愿意做个自在洒脱的艺术家。然而，由于时局的纷乱，那种随心所欲的时光已经消逝在风中。

人生之路，向来都是蜿蜒崎岖的，难免给人以山重水复疑无路之感。如若停下来，眼前只会是层层叠叠的山峦，以及望不到边际的汪洋。但假若继续向前寻觅，或许会在重峦叠嶂之外，看见掩映着的柳暗花明。

他一直在等。

春分过后，风一日日暖了起来。

天空湛蓝，洁净得甚至连一丝云都没有。

李叔同接到了一纸来自《太平洋报》的邀约，等待终于有了结果。他的心寄居在文艺世界里，理当用丹青水彩晕染出一场淋漓尽致的人生。

《太平洋报》的主编除却他，亦有南社盟主柳亚子，诗僧苏曼殊，甚至一些并不知名的作家。旁人将其当作差事，兴趣起时便写两笔字，填一首词，权当做附庸风雅的游戏；心灰意懒时也就应付了事，索性丢开不管，也是常有的事。唯有李叔同，将这份报纸当作自己施展拳脚的领地，全神贯注投入其中。

微风斜过的午后，报社同人时常聚在一起，饮酒唱和，赋诗填词。李叔同做完自己的事情后，便悄然离开，并不坐下来与大家高谈阔论。这种场景难免会让他想起城南草堂的时光，回忆有毒，唯有戒掉方能在余下的光阴中过得安然静好。历经太多繁华与苍凉，他愈来愈喜欢独处时波澜不惊的心境。

一日，《太平洋报》上刊出了李叔同自己所作的两首诗，忧伤的调子，却是平和的姿态。

收拾残红意自勤，携锄替筑百花坟。

玉钩斜畔隋家冢，一样千秋冷夕曛。

飘零何事怨春归，九十韶光花自飞。

寄语芳魂莫惆怅，美人香草好相依。

这两首《题丁慕琴绘黛玉葬花图》，让人想起了大观园中的林黛玉。蹙着眉，看着漫天的花瓣，几经飘零终落于污浊的大地之上，心中满是怨恨春归的惆怅。怜花，何尝不是自怜。大观园的林黛玉如此，置身于喧嚣之中的李叔同亦是这般。

只是，李叔同心中的忧伤，更带了几许清高。那是文人冰清玉洁的理想，不甘让其落在浑浊的俗世，染上层层尘埃。他深知现实与理想的罅隙，无论如何都填不满，连接二者的桥梁，只能是晕染在白纸上的墨字，以及那美人香草般高洁的心魂。

花开自有花落时，此为客观规律，李叔同无力改变。他能做的，唯有让心间纷飞的花瓣，纤尘不染。

砥砺艺术

清明的内心，浮华的世界，彼此无法调和。幸然，李叔同有可投注精力的事业。

夏意渐浓，心有所属，此刻甚好。

脱去公子哥的习气，酒肆画舫，戏园茶楼，题诗品妓，再也找不到他的身影。渐渐地，他喜欢离群索居，独处一隅。对外界的关注度淡了，转向于关注自己的内心，前些年未尝思索的事情，如今时常在夜色阑珊之际，盘旋在脑中，久久挥不去。

换过那么多的名字，皆因心意不定，不知道自己究竟是谁，愿意成为怎样的人。前方仍有雾霭缭绕，茂盛丛林阻隔，还有太长的路，等待着他去摸索，去行走。

修行，才刚刚开始。息交绝游，是李叔同此时的生活状态。

平日里，除却去城东女学教课，他便独自待在报馆三楼的一间小房子内，或是闭目静卧，或是读书看画，或是编写书稿。房门多半时间都关着，偶尔虚掩时，可从缝隙中看他伏在案上，自顾自地忙碌着。

那楼里也住着苏曼殊，纵然两人同为报馆之人，却少有交集。毕竟道不同，不为谋，两人皆与佛有缘，但苏曼殊三度入佛，最终向往红尘之繁华，意欲在俗世中寻求乐界。而李叔同在尘寰中挣扎半生，终顿悟世事，遁入空门，参破生死。人生参差错落，枝蔓丛生，从无定论。

苏曼殊闲云野鹤，于当下之事与眼前之人，都不甚珍惜。那一日，叶楚伧向苏曼殊索画，苏曼殊则搬出无画具，以及无清静画室的理由，婉言相拒。叶楚伧急着做下一期报纸的版面，又恰好李叔同不在，无奈之下只好强行将苏曼殊带到李叔同的房间里，让他即刻作画。许久之后，一幅《汾堤吊梦图》终落在纸上。

李叔同归来之后，对这幅画甚为欣赏，便决定将其铸版发表在《太平洋报》上，同时配上自己以隶书笔意题写的《莎士比亚墓志》。苏曼殊之画，李叔同之字，两两相映，趣意横生，也难怪时人会称这两件艺术作品为"双绝"。

尽管如此，想必李叔同也知晓苏曼殊对他颇有微词。早些年，李叔同演出《生相怜》后，曾遭到观众批评，苏曼殊是其中之一。于《燕影剧谈》一文中，苏曼殊这样写道："前数年东京留学者创春柳社，以提倡新剧自命，曾演《黑奴吁天录》《茶花女遗事》《新蝶梦》《血蓑衣》《生相怜》诸剧，都属幼稚，无甚可观，兼时作粗劣语句，盖多浮躁少年羼入耳。"

对于这些琐事，他早已学会不计较。毕竟每个人都有自己的一条路，怎样走，取决于自己，与旁人并无太大关联。既然旁人对他所演的戏剧评价不高，那他便索性不做了，绘画、诗词、书法、音乐，任凭哪一领域，都有他的一席之地。

除却在《太平洋报》上发表苏曼殊的《汾堤吊梦图》，李叔同还发表了苏曼殊的小说《断鸿零雁记》，且请陈师曾为之插画，足见李叔同对苏曼殊才情的重视。

人与人的相交际会，冥冥之中自有深意。今日相聚一场，明日或许就各奔天涯。

生活一如既往地热闹着，而李叔同习惯了躲在灯火阑珊处，独自赏着夜空中明明灭灭的星辰。

繁花开始簌簌而落，草木也在盛夏过后，渐渐枯萎。万物凋零之际，其实报刊也终会走下坡路，因李叔同乐在其中，并没有察觉。

自疯魔地演俳优戏以来，他很少再以认真的姿态，投入任何事情上。如今，心静下来了，心思也就专注了。

除却《太平洋报》的主编之责，李叔同还兼任报纸版面的美工与广告设计。

广告，即广而告之，醒目且富有新意才能达到宣传之效果。李叔同懂得如何在千篇一律的旧式广告中，创造出新颖的形式，正如知晓怎样在死水般的湖中，投入一粒石子，掀起些诱人的涟漪。

于是，他亲手用楷体、隶书等各种字体撰写广告文字，同时绘制图案，必要时还加入木刻。如此一来，文字之简洁、图案之美观，即刻为广告输入了新鲜的血液，且丝毫不沾染市侩气。

无论在哪里，他总是要用一桩桩奇事，而使自己璀璨夺目，或许这一生，他终究要将世间繁华都尝遍，如此方能缓缓走上顿悟之路。如若觉得生命的轨迹毫无线索，只因还未走到决定命运走向的岔路口。

渐渐地，李叔同明白，人生即是一条返璞归真之路。《太平洋报》在创刊之日，便成立了专门研究文学与美术的社团，即文美会。成立之初，主要成员便商议每月举办一次雅集。

五月天，阳光正盛，橙红色的石榴花在枝头摇曳。

文美会举行了第一次，亦是唯一的一次雅集。柳亚子、黄宾虹、叶楚伧等称得上名号的作家或绘画家，皆携着自己得意的珍品来至会场。李叔同拿着屏气凝神写下的篆书，蒋卓如拿着亲自撰写的书联，李梅庵则展示了自己绘制且题词的折扇。这场集会丝毫不逊色于城南草堂的诗酒唱和，然而那段清明如水的日子已经作古，那种纯粹的欢乐也已散在风中，李叔同坐在角落里，提不起太大的兴致，也没有丝毫不悦，他已经学会不将悲喜写在脸上。

一个人的精力有限，将时间花费在此物之上，彼物自然要受到冷落。雪子脱下短呢大衣，穿上露臂的开襟旗袍，看着春风遣青柳条，又等来石榴花开，却少与李叔同碰面。他越来越远了，就像湖心那枚月亮，皎洁似琥珀，闪着清冷的光泽，却如何都打捞不起。

李叔同心中有愧，但依旧自顾自地舞着与众不同的人生，只是这份执着与认真，看在旁人眼中，多半滑稽可笑。

夏末秋初，枝叶间的蝉鸣渐渐稀落，风也日益凉爽。自然时序更迭时，人事也有了变动。民国元年（1912年）二月十四日，袁世凯登上总统宝座，六个月之后，《太平洋报》后台老板陈其美离职，报馆随即因财政危机而被迫停刊。

春花秋月何时了，往事知多少。秋天要来了，李叔同又成了一枚落叶，在风中独自飘飘荡荡，不知何处是归程。

执教杭州

夜阑珊，风阑珊，意阑珊。路途在生命未了时，从未有尽头。赶路，是世人一贯的姿态。

秋色渐浓，李叔同只身来到杭州，并未将雪子带在身旁。

应浙江官立两级师范学堂校长经亨颐之邀，李叔同来校任音乐、图画教师。少年的风流倜傥与落拓不羁，留日以来的漂泊辗转与奔波劳累，使得他早已参破了这个世界，正如张爱玲所说：生命是一袭华美的袍，爬满了虱子。

提着不重的行李，站在高高的砖墙外，李叔同抬头仰望，密集整齐的瓦片之上，是湛蓝的触摸不到的天空，无边无际。时光未免太过无情，许诺过他堪比天高的梦想，赐予过他清澈无忧的岁月，他怀着拥有一切的信念，到头来，终是一无所有。笔端那些诗词、绘画、音符，如今看来，不过是求生的工具罢了。

只是，李叔同早已在生活中学会了顺从。命运的安排自有深意，又何必徒劳地更改岁月既定的轨迹。

李叔同做事向来认真，学校本是九月初开学，他却早去了十天，以便打理好宿舍，整理好心情。即便心中满是荒凉无力之感，他也要打起精神，做个教员。处在哪个位置上，就要做好相应的事，这道理李叔同是懂的。

杭州不比他处，纵然此刻已入秋，仍是暑热难当。即便是在流萤纷飞的晚上，庭树静立，高楼挡风，依旧热闹燥热难耐。幸然，刚刚结识的两个新同事，姜丹书与夏丏尊解风情，闲来无事便陪他去西湖游览散心。

三人尝着当地的菱角，饮着清凉沁心的茶，各自说起从前的快意之事，心中又是忧伤又是欣悦。夕阳渐渐沉落，暮山披上了一层紫色，游客三三两两地散了，眼看着流萤就要从林中飞出来。湖边的风，比学校的风要清凉一些，透过薄衣衫拂在肌肤上，整个人也似乎轻快起来。

旧事难提，仍会在某个恰当的时刻提起。李叔同沉醉在这般惬意的时光中，不由得提起了城南草堂。光阴明快，笑声明朗，笔下的诗仿佛是蓝色的，纯净透明。李叔同说得正起劲时，猛然停下，都成往事了，越说越伤感，倒不如不说。或许流逝的从来都不是时间，而是在熙熙攘攘的尘世中汲汲奔走的人们。

三人一时沉默，天色愈来愈深。夏丏尊为李叔同满上一杯茶，问他从前是否来过杭州。"那都是十年前了，匆匆来匆匆去，未曾好好玩过，只是在涌金门外吃过一回茶。"李叔同啜了一口茶，悠悠地说着。一只流萤飞来，又翩然而去。

月华铺洒于湖面之上，明如宝镜，远处的山峰在灯火之间，若隐若现。盛着菱角的盘子慢慢空了，游人已散尽。三人从湖心亭走出时，已是夜半，纵然游兴未尽，终究该散了。乘月而归，心中满载星辰。

回到住所，室外万籁俱寂。独坐案前，执笔而书，夜晚的感受参差错落地排列在纸上。

岁月如流，倏逾九稔。生者流离，逝者不作，坠欢莫拾，酒痕在衣。刘孝标云："魂魄一去，将同秋草。"吾生渺茫，可唏然感矣。漏下三箭，秉烛言归。星辰在天，万籁俱寂，野火暗暗，疑似青磷；垂杨沉沉，有如酣睡。归来篝灯，斗室无寐，秋声如雨，我劳如何？目瞑意倦，濡笔记之。

是为《西湖夜游记》。

人生即是一个将从前所获之物再一件件失去的过程。

"上有天堂，下有苏杭"，世人都知晓杭州的景致浓淡皆宜，可与西子相媲美。李叔同将心中那份无所皈依的惆怅，扬在风中，撒在湖心，走走逛逛，便拾得几笔佳句。

教书之余，他时常独自一人到景春园楼上吃茶。景春园即在西湖边上，他的住所则在离西湖只两里路光景的钱塘门内。在茶馆楼下吃茶之人，多半是些摇船抬轿的苦力，你来我往，喧闹异常。而李叔同常常穿过熙攘的人群，拾级而上，躲到清静的楼上。他吩咐店小二泡制一壶上好的菊花茶，临窗而坐，凭栏眺望，湖水在淡淡的阳光下，泛着点点光泽，微风斜过，掀起一片涟漪，许久都无法恢复平静。楼下的嘈杂之声，隐隐地升上来，李叔同心中便生出万千滋味。这大千世界，人人都有自己的生存状态，而他又属于哪一种？

沙漏无声，不知不觉中，一个下午就这样过去。夕阳染红流云时，李叔同在桌上放下茶水钱，而后起身走出景春园。

青砖小径，蜿蜒回环，李叔同却走得心不在焉。这条路从哪里延伸而来，又通往何处？他只是过客，却找不到船，行不到对岸。杭州风景独好，只可惜，在这荒凉的流年里，此处终究是个寂寞的港湾。

稍稍兴致好时，也会同夏丏尊再次到湖心亭吃菱品茗。因心无寄托，又有诸多事放不下，李叔同总是郁郁寡欢。朝花不再于黄昏重拾，前尘之事泛起尘埃时，难免会迷了双眼。至于未来，就像夕阳落下后的那片远山，影影绰绰。两人能谈的唯有当下，可当下爱情已成镜中之花，艺术已是水中之月，境况如此凄然，又有什么好说。倒不如尝几片菱角，啜几口清茶，暂把光阴消磨。

"像我们这种人，出家做和尚倒是很好的。"夏丏尊看着波光荡漾的湖面，有意无意地说。

恰在此时，不远处昭庆寺响起层层叠叠的梵音。李叔同猛地想起父亲去世时，那场静穆庄严的佛事。一切皆有深意，等着他慢慢参透、领悟。

回到住所，临窗独坐，研磨铺纸，听着簌簌落叶之声，将所见之景，折成诗句，晕染而出：

看明湖一碧，六桥锁烟水。塔影参差，有画船自来去。垂杨柳两行，绿染长堤。题晴风，又笛韵悠扬起。

看青山四围，高峰南北齐。山色自空濛，有竹木媚幽姿。探古洞烟霞，翠朴须眉。霎暮雨，又钟声林外起。

大好湖山如此，独擅天然美。明湖碧无际，又青山绿作堆。漾晴光潋滟，带雨色幽奇。靓妆比西子，尽浓淡总相宜。

笔下景致与心底色泽并不相符。良辰美景奈何天，他心终究无处可寄。

惊世骇俗

每人都会从此岸渡到彼岸，唯有经过孤独、寂寞、萧索、冷寂、凉薄，而后走过曲折山径，听到来自灵魂山谷的回声，方才看得清过往、当下，甚至能预见未来。

李叔同是待渡之人，而他却一次次站上三尺讲台，用一本本详细的讲义，为他人撑船，将懵懂学子渡到水之对岸。

上课铃响，学生唱着、喊着、笑着，甚至骂着、推搡着走进教室，迈进门槛之时，所有的声音，皆在一刻间消失。他们继而红着脸端坐到自己的位子上，偷偷仰起头来看那位已经端坐在讲台上的老师。

灰色的粗布袍子、黑布马褂，前额宽而广，丹凤眼细而长，鼻梁笔挺隆正，其上架着一副黑色的钢丝边眼镜，一脸的威严。纵然身着布衣布鞋，形式却极为称身，颜色也很端洁，有着素朴深蕴之美，毫无花哨轻浮之感。

两块黑板都已清楚地写好本堂课所讲内容，讲桌上整齐地放置着点名簿、讲义，以及他的教课笔记簿、粉笔。这间四面装有玻璃窗的音乐教室中，居中放置着两架钢琴，四周摆放着五十多架风琴。此是李叔同力争而来的，在答应经亨颐担任此校教师之前，他要求每位学生要有一架风琴，绘画室石膏头像、画架一应俱全。这对经亨颐而言，无疑是一个难题，毕竟学校资金有限，且市面少有存货。

"同学出去要教唱歌，不会弹琴不行。教授时间有限，练习全在课外，你难办到，我怕难以遵命。"李叔同向来如此认真。

生命中处处皆是难题，需要走万里路去寻求答案。他本该活在艺术世界里，驾着想象之羽，在彩云之上或是深海之中尽情遨游。只是，在现实面前，他只得缴械投降，做一名教书匠。

想必彼岸已姹紫嫣红开遍，而他在原地兜兜转转，找不到一艘可以越过汪洋的行船。路一直延伸在脚下，只是不管走多久，梦想都是那么遥远。

人世间，万事万物皆以矛盾的姿态存在，得到与失去如是。

他明知三尺讲台盛不下他的艺术梦，却也于其中撒播下了热情。一件事，不做则已，要做就做到最好，这从来都是李叔同秉持的信念。

他教授绘画，不主张让学生在室内临摹画帖，而是以室内与室外写生的方式，让学生接触千变万化的实景实物。

春日来时，西湖边上，杨柳倒垂，随风摇曳；梨花似雪，清淡飘香。时有钟声传来，晚晖落红。学生支起画架，凝视着眼前的风景，而后低下头来，在画板上精心地勾勒着。一只飞鸟，一朵似绽非绽的花骨朵，甚至湖中溅起的一圈圈波纹，都可做写生的对象。李叔同在画架之间踱步，观察每幅画的进度，偶尔会给予某位不知如何入手的学生一两句温和简练的指导，或用炭笔添几笔线条，或用橡皮轻轻擦去一角，如此画板上的构图则更为完整，也更明暗分明。

春风吹面薄于纱，春人装束淡于画。游春人在画中行，万花飞舞春人下。

梨花淡白菜花黄，柳花委地芥花香。莺啼陌上人归去，花外疏钟送夕阳。

李叔同看着学生交上来的素描画，写下了这首《春游》。疏淡的意境，平和的心态，生活再荡不起丝丝涟漪。微风吹来时，掀起了薄薄的春衫，却拂不动那颗归于岑寂的心。稍后，他给这首《春游》谱上曲子，在音乐课上，教学生唱。几个聪慧的学生唱着唱着，看到老师的眼中闪动着几星似泪的光，隐隐知晓了其中的弦外之音。

身在何方，归去何处？寻不到答案。学生抬着稚嫩的脸仰望他，却不知他心中犹如飞絮，白茫茫一片。老师该有老师的样子，传道授业解惑。李叔同终究要掩饰内心的彷徨，将一块块璞玉，打磨成稀世珍宝。这是他的责任，无法逃脱。

画室内的每扇窗子，皆遮以蓝色窗帘，李叔同如往常一样，早已端坐在讲台之上。上课铃响时，从隔壁房间走来一名身披薄棉被的男子。他望了望李叔同，稍略犹豫之后，便揭下了身上的棉被。一线阳光从屋顶的气窗渗进来，恰如新式舞台上的一束追光，聚集在这具肌肉发达的身躯上。

学生早先以为所谓模特，只裸露部分身躯，羞人之处自不会不遮盖，故而看到眼前情景，难免有些慌悚，且夹杂着不知所措的难为情。

这是李叔同第一堂人体写生课，亦是中国历史上的第一次。

"这是美与力的结合体，你们的画笔应当记录下来。"李叔同站在进门处左侧，微笑着地对学生说。在李叔同的带领下，学生们穿过轮回的四季，穿过丛林与沼泽，有了一场场美的历程。

学生曾在李叔同与夏丏尊的指导下编过一本"自己刻、自己印、自己装订"的《木版画集》，其中收录了一幅李叔同模仿小孩画的人像的木刻作品。多年以后，美术家毕克官先生在谈及此事时，无不赞扬地说："李叔同应是中国现代版画艺术最早的作者和倡导者。也就是说，我国早在1912—1918年就出现了研习现代版画技法的组织，并初有成果。这件事，在中国现代版画史上是不应该被疏漏的。"

有心播下的花种，未曾举起一朵绚烂小花；无心插下的柳枝，却在来年春日茂盛成荫。莫怪命运阴差阳错，也不彷徨只身何处是归程，再没有比接受眼前这一切更好的决定了。然而，为何心中仍有大雾弥漫？

水涨船高，学生撑着一支长篙，向青草更青处漫溯，寻找彼岸那未曾遗失的美梦。而李叔同站在原地，听着来自四面八方的风声，任凭未开的花，遗落在光阴中。

左支右绌

几场秋风过后，又是一年落雪时。薄秋衫换成了厚大衣，里面衬一层棉。时令轮番转换，心境却一如既往。

随着教书的名声在外面响起来，李叔同又接到了南京高等师范学校的邀请函，仍是任音乐与图画教员。这封信笺，并不能给他的生活带来改观，不过是增加些许薪酬罢了。天津的俞氏与两个儿子，上海的雪子，都需要他每月寄去生活费，以维持生计。他内心藏着的那个艺术家，渐渐被生活磨去了棱角。

在南京与杭州之间奔波，难免会身心疲惫。多次想辞去一方的教职，又碍于友人的情面，久久未能成行。上海已经许久不回，雪子的信一封接着一封寄来，并没有具体的事，不过是些天寒加衣之类。偶尔，他也回几封信，极短，不说何时回去看她，不做拖泥带水之态。一声声叹息，在玻璃窗上呵成一团迷雾，许久不散。

撇开个人理不清的思绪，李叔同在课堂之上，依旧以严谨温和的气质散发着人格魅力。

民国元年（1912年）冬日，雪纷纷扬扬落下，覆盖了结了一层薄冰的西湖，也掩没了各条蜿蜒的小径。学生刘质平在下课铃响之后，从座位上站起身来，将自己昨天写好的习作交给老师过目。李叔同将拿起的金表与讲义复又放置在讲桌上，拿起学生寄过来的曲子，细细地看了一遍。而后，他缓缓地抬起头，透过黑色钢丝边眼镜，若有所思地注视着眼前这个略显稚嫩的学生。

"今晚8点35分,赴音乐教室,有话讲。"李叔同留下这句话,便走出教室。

夜色如墨,星辰不见,大雪丝毫没有停下的迹象。刘质平仍顶着愈来愈大的风,准时到达音乐教师门口。教室门前已有足迹,但教室之内一片漆黑,门也关得紧紧的。刘质平向来尊重师长,门未开,他便在门外静静等待。六瓣的雪花,渐渐落满他的眉毛与肩头。时间的漏沙一粒粒撒落,他从未生出要离开的念头。霎时间,教室内灯光猛然大亮,李叔同拿着金表走出来。

"相约时间无误,你可以回去了。"李叔同认真地说道。

曲子好坏不要紧,关键是看他能否守时,面对风雪是否无惧。不是所有的学生都是璞玉,也并非所有的璞玉都可雕琢成器。可塑之材当特殊对待,于每周课堂之外,李叔同单独指导刘质平两次,且将其介绍到彼时在杭州的美籍教师鲍乃德夫人处学琴。

栽下的桃枝渐渐开花、结果,此是认真育人的代偿。只是,为何独处景春园,临窗而坐时,看着湖水与蓝天相接的远方,心中仍是万千不甘?

让学生上了船,得负责将学生送到对岸,如若任其在海中央毫无方向地漂流,则是摧残一颗追求艺术之美的心灵。

民国四年(1915年),秋风格外凉薄,叶子也落得比往年早一些。刘质平因身体不适,休学在家,心情好似落了一层秋霜。李叔同知晓那种空落落的感觉,便取一张自制的信笺,提笔用楷体小字写下:"人生多见,'不如意事常八九',吾人于此,当镇定精神,免于苦中寻乐;若处处拘泥,徒劳脑力,无济于事,适自若耳。吾弟卧病多暇,可取古人修养格言读之,胸中必另有一番境界。"搁笔、折叠、封缄、寄出,这繁复过程里,写信人浓情如酒,收信人在启封之时便醉了。

民国五年（1916年）盛夏，李叔同送走了他第一批学生，刘质平毕业后留学日本，并于翌年考入东京音乐学校。生活总是悲欢交替，刘质平出身农村，家中甚是贫寒，无力支付学费。李叔同多方筹措未果，官方推诿，好友亦无力解囊相助，无奈之下，只好自己供这个得意门生上学。

他拿出记事簿，蘸一点墨，提笔写下资助计划：

每月收入薪水一百零五元。上海家用四十元，天津家用二十五元，自己食用十元、零用五元、应酬费买物添衣费五元。余下二十元可作刘君学费用。

说到底，艺术之理想的世界，是戴着镣铐起舞的舞者。一旦脱离了现实物资，再丰盈饱满的想象力，也会渐渐干枯委顿。

李叔同看着这份辛酸的收支打算，觉得心从来不曾自由过。如若没有天津与上海的家庭，也不必资助刘质平上学，他可以过得极为滋润。然而，身躯寄托在俗世之中，欲要有一番作为，灵魂又怎能摆脱这千丝万缕的罗网？

午后，细雨如丝，像剪不断的愁。李叔同已是景春园的常客，店小二不等他吩咐便将一壶菊花茶送至二楼的临窗处。他手中的那一份报纸，被雨稍稍溅湿，风吹干后，起了些褶皱。报纸右下角，几行密密麻麻的小字，刺中了他的痛处。李岸毕业于东京美术学校，回国后不过成了一名教书匠，颇为可惜。

路在哪里，如何解脱？白日寂然独坐，彻夜冥思苦想，那些潜伏在命运深处的隐喻，那些寄存在掌纹中叠放起伏，充盈着秋天萧瑟寥落的意蕴。

舟在水中行，雾霭周身绕。山一程，水一程，黑夜白昼交替，始终看不到转机。即便山中偶有一朵野花探来，欢愉也不过一瞬，继而便是漫长的等候。

沧海桑田的尽头是什么？永恒是否存在？梦与现实能否趋同？

李叔同一遍遍追问，终究无果。时机尚未到来，一切须得等待。

第六章

空门：庄生晓梦迷蝴蝶

虎跑断食

西湖附近，有一所寺院，是为虎跑寺。寺院与虎跑泉之间，有一条蜿蜒的石板路相连，大约二里的路程。小径两侧是茂密旺盛的山林，给人以清凉之感。一条溪流从山上蜿蜒而下，潺潺而流，距离寺院愈近，水声愈响。赏着郁郁葱葱的山林，听着激越的水声，一路走过石板路，迎面便会看到一座四方凉亭，墙上印着三个大字：虎跑泉。

此地极为幽静，秋天甚至能闻晓叶子落地之声。寺中房子很多，平日里都关着。游客来访，不能进入。方丈的楼上，只居住着一位出家人，此外并无人居住，很是清净。

人与物的缘分，总是奇妙得很。这样一所清幽静谧的寺院，好似冥冥之中在等一位有缘人，等他在懵懂迷茫中走入，而后在此处参禅打坐，释然往事，洞悉未来，洗净心之尘埃，顿悟虚无之人生，直至渡到彼岸。

属于你的终会穿过曲折的山路与朦胧的雾霭，与你久别重逢，要耐心等待。

身心之苦聚集在心中已久，李叔同在教书之余便追索消除的办法。听闻夏丏尊从日本杂志上看到的以断食更新身心的修养方法，李叔同觉得颇为可行，决心一试。

学校已放冬假，学生与教员相继离校，平日里热闹的校园瞬时便静了下来。李叔同坐在居所窗前，愣愣地出神。桌上放置着雪子寄来的书信，问他何时回去。他回信极为简短，并未告知回程日期，只是说暂且有事，故有延误。

仅靠信笺维持的爱情，能否长久？雪子坐在梳妆台前，默默地看着镜中的自己。眼角不知何时有了些许细微褶皱，从前清亮的眸中如今满是落寞的深情。爱情托付给一个遥远得见不到面的男人，花样年华抵押给冷寂的深闺。

爱是什么？雪子问自己。心中荡起的回声告诉她，爱是心甘情愿忍受疼痛。

李叔同心中不是不觉亏欠，然而自己尚且不知路在何方，又怎能将旁人照顾周全。

民国五年（1916年）十一月三十日，李叔同携带灰色棉袍，布棉鞋，以及日常用具，笔墨纸张，来到虎跑寺。与之同往的，还有一向照料李叔同起居的校工闻玉。

起程之前，他已做了详密的断食计划，全程共三星期：第一个星期逐渐减食，直至完全不食；第二个星期，除饮水外，完全不食；第三个星期，由汤粥开始，逐渐增加至常量。同时，李叔同嘱托闻玉：断食中，不会任何亲友，不拆任何函件，不问任何事务。家中有事，由闻玉答复，处理完毕。待断食期满，告诉他。断食中尽量谢绝一切谈话。

闻玉是他虔诚的护法，只是，他并未完全按照嘱托行事。

午后约四时入山，人声渐渐疏落，心也慢慢静下来。于他而言，断食与新生之间有着必然联系。棉布鞋踏在青石板上，每一步都好似通往崭新而奇妙的世界。

李叔同下榻于客堂楼下，居室朝南，清晨之时，曙光会透过窗子渗进来。闻玉即住在其后一所小室内，两室之间仅仅隔着一块板壁，故而两人呼应便捷。

当晚李叔同吃了些素菜，精神异常饱满。点燃菜油灯，作楷书八十四字。纵然前些天伤风微嗽未愈，喉紧声哑，倒也不觉碍事。静坐片刻后，早早就寝，只是楼上所住僧人的脚步声，让他入睡有些慢。

这是一场灵魂的追逐，镜花水月或许并非虚幻，这种美应该一直存在内心一隅，唯有将俗务清除干净，它方能显现。这更是一种神圣的仪式，在灵修锻炼中，控制食欲，磨炼心智，以此找到一条心灵之路，如凤凰那样，经浴火焚烧之后，获得涅槃。

欲望总与痛楚毗邻而居，是以克制欲望，痛楚自然减轻。

断食期间，所食之物，不过是些清淡的素菜，不沾丁点荤腥，紫苏叶、白豆腐之类，以及颗粒有限的白米，饮品多半是清冷水，有时混杏仁露，实在顶不住时，便食几枚梅干，几枚小橘，半根香蕉。

午后时常独自散步至山门，归来时略微疲惫。稍作歇息，便上楼访弘声上人，向其借几部经书。静坐与写字，是每日必备课程，有时静坐半小时，精神好时，便延长静坐时间。所写之字，以楷字居多，其次便是篆字、隶书，也有魏碑，纵然体力时有不支，笔力与往日相较，并不减弱。

断食期间，闻玉违背嘱托，拿了雪子信笺给他。他摇摇头，并不拆开，而后在杏色纸笺上写下："情"可畏也。心灵就这样渐渐起了变化，从前游戏风月场，嗜情嗜爱，乐此不疲。如今，只觉情爱是种牵绊。

一天快要结束时，李叔同总要记录下当日的时间、气候、饮食、起居行止，以及生理反应、心理状态。周详细致，毫不遗落。

第六日，断食正期第一日。起床之后，手足略感乏力，脑力稍有衰退，写日记时有几笔误字。那一日，他共饮梅茶一杯，梨子一个，橘子两个。早早入睡后，竟梦见自己变为少年，眉目清秀，穿着素色锦缎衣袍。醒来之后，他欣喜异常，认为断食渐渐起了功效。

食物断了，心也就轻了。自此之后，他入睡无梦，心清、意净、体轻、无挂、无虑。静坐之时，耳根灵明，能听人平常不能听，悟人所不能悟，觉大地间皆是不息之声。正期第四日，他一时兴起，作印一方，是为"不食人间烟火"，并于当天的日记中写道：空空洞洞，既悲而欣。

放下，是另一种收获。唯有秋天，花树方能结果。置身烟火俗世，内心应当留一片清澈湖泊。空中流云，寺中竹林，书中文字，都是生命的隐喻。他恍然听到前方有声音传来，是呼唤，也是引领。

此后，他缓慢进食。最朴素平常的青菜、豆腐，如今尝来竟觉是人间美味。精神极佳，足力极健，午后常于山中散步，采撷花草或是松子。

十二月十九日，断食结束。李叔同与闻玉走出虎跑寺时，回头看那扇赭红色的大门，觉得门内外是两个世界。微雨轻洒，落于他周身。他觉得他还会再回来。

山路蜿蜒折回，脚步轻快有力。接下来，便是另一种人生，另一种极致了。

勘破红尘

随心而去，是最率性的生活方式。风无定向，心有所倾，无论是追逐耀眼的尘世烟火，还是求索云雾深处的清明，都由时机所致。

断食之后，李叔同内心澄澈干净，自觉已然重生。此刻，于他而言，朴素方是人间至美。浮华退却，繁缛清除，留下的只是平和安详，眼中所见也只是划过天空的飞鸟，除此之外，别无其他。

艺术的极致是返璞归真，做人又何尝不是如此？是以他为自己取别名：李婴。然而，一个"婴"字不足以表达其欣悦欢愉之意思，故而几日之后，他又在日记中写下"李欣"二字。一路走来，名字随着心境不断改变，喻示着他当下是怎样的状态，愿成为怎样的人。

返校之后，气温骤降，细雨变为落雪。他站在空旷的学校里，双手背后，微微抬首，任凭雪花袭满肩头。雪不是遮掩，而是清洗，他恍然间明白了自然界隐藏的深意。

慢慢走回居所，坐于桌前，借着天光将断食时的留影作为明信片，留影上端由闻玉题字："李息翁先生断食之像，侍子闻玉提。"下端则由李叔同亲自题写，署名为：欣欣道人。朋友收到此明信片后，无不为他奇异的行为而震惊。其实，惊讶归惊讶，倒也在情理之中，他是李叔同，向来是和旁人不一样的。

他简单收拾了行李，起程返回上海与雪子相聚。雪子仍穿着初来上海时那件羊毛呢长大衣，一只脚迈出门槛，复又停下，怔怔得竟不知该怎样迎接他。她眼中盈满泪，却不知如何落下。不见他时，她独自面对这满墙的绘画，心中生疼；如今他就在眼前，疼痛之感却只增不减。或许，他只存在她的梦中，而这场梦，即刻便会醒。

他的话越来越少，只答不问。更多的时间，他用来读《庄子》《道德经》，只留给她一个决绝的背影。

身在此，心已在彼处，春节刚过，李叔同便收拾行李要走。雪子知晓留不住他，只是替他穿好夹棉的大衣，将行李箱递给他，就连什么时候再回，她都没有问。他愿意回来时，自然会回来；不愿回来时，一封信接一封信地催促，也无济于事。有些事问出口，只会徒增难堪罢了。

返校只是个幌子，他是要去虎跑寺静修。

命运的齿轮，悄然转动，开始绽出万丈光芒。

因为留恋，故而心生诸多烦恼。尘世孽缘，喧嚣熙攘，遗忘方可解脱。从前皆在获取，如今该一件件放下。失去的过程，内心轻盈无比。

"鄙人拟于数年之内，入山为佛弟子。现在已陆续结束一切。"民国六年（1917年）一月十八日，李叔同在苍茫的午后，看着雾霭中的远山半遮半开，听着寺外潺潺的溪流，隐隐约约找到了灵魂的归属。取一张素色纸笺，蘸淡墨给留学日本的刘质平写下这封心意明朗的信。

在虎跑寺静留一个月之后，返回学校。与外界的交往愈来愈少，与自己内心的对话愈来愈多。课外教授丰子恺日文的工作，李叔同安排给了夏丏尊，平日的应酬也渐渐终止。必要的授课之余，他便躲在居所习字，研读佛典，或是步行至寺外听禅师说法。外面究竟太吵闹了，那里已经不是他的世界。

九月，落叶铺径，通往虎跑寺的蜿蜒小路，更添一份清幽的意境。布鞋踩在落叶上，吱吱作响，内心深处恍然觉醒。

在虎跑寺，听法轮禅师说法，像有一股甘冽之泉淌遍全身，透心清凉。归去之后，便净手、焚香，书写一对联语："永日视内典，深山多大年。"题记："余于观音诞生一日，生于章武李善人家，丁巳卅八。是日入大慈山，谒法轮禅师，说法竟夕，颇有感悟。"以"婴居士"落款。而后，赠给法轮长老。

焦虑与烦忧渐渐散去，前方仍有雾霭，但循着缥缈的呼唤之声前行，便能抵达他想要去的地方。他的心，从未像此刻这般坚定。

他所居住的房间变了模样。四壁的绘画揭下来，桌上放置的教书讲义与点名簿，换成了《普贤行愿品》《楞严经》《大乘起信论》等佛书经典。不仅如此，屋内还供奉着地藏菩萨与观世音菩萨，他每日都要烧香拜佛，无所求，只愿内心平和。

又是一年落雪时。

学校放年假，师生纷纷离校，热闹的校园又寂静下来，只剩他一人。行李已经收拾好，并非回上海过春节，而是独身前往虎跑寺习静度岁。船已停在岸边，彼岸已不是虚无缥缈的意念。

或许，冥冥之中自有天意。在虎跑寺，李叔同目睹了马一浮好友彭逊之剃度为僧的全过程，心生向往。两人皆是天涯飘零客，累了便投一处安静的场所，抚慰伤痕累累的心灵。

时机已到，缘分已定，他回望这茫茫尘寰，转身登上那艘等待起碇的船。

李叔同叩开楼上弘祥法师的门，表示愿拜师。弘祥法师自觉资质不够，不敢贸然答应，便去松木场护国寺将师父了悟法师请来。

民国七年（1918年）正月十五，风寒、无雪。李叔同拜了悟法师为师，皈依三宝。

自今日始，李叔同焕然一新，法名演音，法号弘一法师。

那些执念，那些琐事，就散在风中吧。李叔同已死，眼前的弘一法师，无悲无喜。

远山衔着夕阳，群鸟飞过不留痕。心有所属，船已起程。

走向哪里？彼岸。

可有方向？心间。

法号弘一

春花零星地开了，风也暖了起来。心中澄澈，眼中的世界也明朗洁净。

二月初五，是母亲的祭日。李叔同换上布鞋，穿着前不久请人做的海青，去虎跑寺诵了三天《地藏经》，早晚做两趟功课，为母亲回向。经文中的深意，在冥想中渐渐浮出水面。密密麻麻的字迹，说到底不过是"放下"二字，对于此，他已经领悟，只是真正做到还须修行。

入世太深，欲望太重，他已决定全身而退，眷恋只会辜负这尚好的光阴，以及那颗向往平静的心。

他已经等不到刘质平毕业，"不佞自知世寿不永，又无从始以来，罪业至深，故不得不赶紧发心修行。"他将写下的书信，折叠起来，寄给刘质平，随后便向学校递交了辞呈。心意已决，不愿再耽搁。

纵然心已趋往光明之地，俗事终究要安排妥帖，以免生了枝节。历年所有美术作品，送给北京国立美术专科学校；所刻所藏印章，送给西泠印社，后由该社封存于石壁之中，名为"印藏"；笔砚碑帖，送给金石书画家周承德；所作所藏字幅、折扇、金表，送给夏丏尊，且将朱慧百、李苹香二妓所赠的诗画扇页，以及赠歌郎金娃娃的诗词横幅，装成卷轴，自题《前尘影事》，一并交与夏丏尊妥存。

支出先前预留的三个月薪水，分为三份：一份连同剪下的一缕黄须，用纸包好，寄给昔日好友杨白民先生，让他在自己入山之后转交给雪子；一份连同呈文交给浙江省政府转北京内务部，以作开脱俗籍的印花费及手续费；一份留作入山寺受戒时的斋资。

一切都已准备就绪，最难的是告别。

"我明天入山，相聚今夕，实在难得。希望你们各自珍惜。"李叔同心中一片澄明，与丰子恺、叶天瑞、李增庸几位学生话别。

"老师何所为而出家乎？"学生不解，亦不舍。

"无所为。"他沉默良久。

"君固多情者，忍抛骨肉耶？"学生不甘。

"人世无常，如暴病而死，欲不抛又安可得？"他已决然前行。

是夜，寂静无声，点燃的菜油灯欲明将熄，李叔同铺纸研墨，吐纳精气，提笔为姜丹之母书写下长达五百四十九字的墓志铭，落款"大慈演音书"。写毕，他决绝地将毫笔折断，一阵风吹来，油灯熄灭。

人将去，楼将空，什么也不会剩下。折断的毫笔，半支残烛，以及那篇端放案几的《姜母强太夫人墓志铭》，是他曾经停留此处的印迹。

夏丏尊执意要送他，李叔同只是摇头，终须分别，送与不送又有什么差别。

丰子恺等几个学生以及闻玉，陪他走出学校，路过涌金门，经过净慈寺，一路向虎跑寺行去。小径清幽，不时有鸟鸣盈耳，心中再无牵挂。

转过几个弯，虎跑寺便出现在眼前。李叔同站定，从闻玉手中接过行李，换上僧衣、草鞋，独自向前走去。闻玉等人看着他翩然归去的背影，沉默不语。一片叶子落到他肩头，他顾不得拂去。

转眼就要立秋了。

天上的云，千变万化，没有固定的形状，也没有特定的居所，风起时，它们就换了姿态，也换了位置。

黄昏时，李叔同走出禅房，仰望空中飘浮的云层，欲要找出生命的真相，纵然他知晓万物的真相皆在心里。

夏丏尊要回老家照料生病的父亲，特来虎跑寺与他告别。

他穿着那袭深灰色的海青，头发许久不剪，已稍长，胡子也没有刮，只有双眼中散发着光彩。夏丏尊看着他脸上满是不动声色的神情，心中异常难受。

"先做一年居士，转年再行剃度。"这并非安慰老友，而是内心真切想法。有些事急不得，时机到了，自然就能成行。

"这样做居士，究竟不彻底，索性做了和尚，倒爽快。"夏丏尊嘴上这样说着，心中却希望李叔同回头。

缆绳已解开，船已起程，彼岸呼唤之声时时传来，又怎能回头？

李叔同听完老友之语，只是笑笑，并不争辩。送走夏丏尊后，暮色四合。远山升腾起朵朵云雾，缭绕弥漫，他站在原地久久地看着，心中有一个念头如胶片显影般愈来愈清晰。

旧历七月十三日，僧人整齐地排列在寺庙正殿两侧，庄严肃穆。

香火升腾，钟声响起，了悟和尚与阿阇梨步入殿内，登坐佛像前的座位。

引请师引李叔同入殿，在佛像前及了悟和尚、阿阇梨座前作礼。

时机已到，他已做好准备，遗忘情事，斩断尘缘，潜心修行，接受劫难，寻求超脱。

为免节外生枝，他并未将出家之事告知亲友。是以辞亲仪规便从略了。

发丝，纷纷扬扬落下。他闭上双目，心中杂念渐渐去除。

"我李叔同尽形寿，皈依佛，皈依法，皈依僧！"

"我李叔同尽形寿，皈依佛竟，皈依法竟，皈依僧竟！"

袈裟披身，眼前之人已成弘一法师。

报纸将消息传播至各地。

文熙将报纸递给俞氏，劝她带着孩子去寻他，让他迷途知返。俞氏知晓，李叔同决意做的事，谁也拦不住。文熙的劝告，权当是耳旁风，她心在他提着行李迈出李家大门时，就已经死了。

杨白民将一个铜盒与一个信封，交到雪子手中。雪子含泪打开，铜盒中是一缕黄须，而信封中没有只言片语，唯有微薄的生活费。

她不相信十二年的情缘，抵不过一个信仰。于是，她苦苦央请杨白民带她去杭州。红尘中还有她，他怎么舍得放下。

天阴沉沉的，将要落雨。西湖畔，两船缓缓相向而行。

"叔同——"雪子未语泪先流。

"叔同已死，请叫我弘一法师。"他看着湖心升起的薄雾，淡然而答。

"弘一法师，请告诉我，什么是爱。"一字一句，满含哭腔。她心有不甘。

"爱，就是慈悲。"他始终没有与她对视。雾气愈来愈浓，微雨落在他的脸颊。他调转船头，缓缓划去。她站在原地，静静看他消失在雾中。

她成了他尘缘中爱的绝笔。

雨愈下愈大，像是要将一切冲刷干净。

安然持戒

先前走过的路，已然隐去；眼下修行的路，徐徐展开。纵然看不到尽头，终归有方向可循。

李叔同已然落发、染衣，还需受戒，方能算得正式的僧人。一切才刚刚开始，他走在另一重世界里，欣喜默然。身披袈裟，带少许行李，于结霜的清晨，步行前往灵隐寺。

林木耸秀，两峰夹峙，藏于深山，鸟鸣而幽，云烟万状，这便是李叔同将要受戒之地。他第一次踏进这座寺庙时，便觉似曾相识。

心怀慈悲之心，眼中万物即有灵性，一山一石，一花一草，其实皆与自己有缘。寺中方丈对他格外客气，将其住所安排在客堂之后的芸香楼里。心宽了，便觉生活中处处是恩惠，这是他新的领悟。

静坐之余，他便在迂回蜿蜒的小径中散步，步伐缓慢坚定，平和淡然。偶一日，恰与为他授戒的慧明法师相遇。

慧明法师穿着极不考究，僧衣上皆是密密麻麻的补丁，全然不似法师的样子。当他知晓李叔同特此前来受戒，且住在芸香楼中后，脸上的笑容瞬间则转换为严厉的神情。

"既是来受戒的，为何不进戒堂？虽然你在家时是读书人，但读书人就能这样随便吗？就是在家是一个皇帝，我也一样看待。"慧明法师说话直，点化得恰到好处。

受戒的第一张试卷，他答得并不完满，却也从中悟到了事无特殊的道理。道路远且长，行在水中央的船，还会遭遇风浪。

一个月后，慧明法师终肯为他开堂授具足戒。戒规严密烦琐，一条也不容许犯。欲望由此得以压制，心魔由此得以戒除，他成了一名真正的僧人。

在修行中忏悔，在忏悔中释然，在释然中领悟，如是得以普度自身，而后普度众生。自此之后，红尘之中不再有李叔同，佛门之内多了一位弘一法师。

马一浮知晓弘一法师于灵隐寺受戒，便前来参加他的受戒仪式，并特意送给他明代满益大师的《灵峰毗尼事义集要》，以及清初见月律师的《宝华传戒正范》。精心研习之后，便生出严守与弘扬戒律的念头，且立下不当住持、不为他人剃度、不做依止师、不收入室弟子的誓愿。

山泉清澈甘甜，海浪簌簌退回沙滩，心无杂念，专注于自身，修行

102

之路便不再漫长。

佛门之内是清净的世界，花开是喜，花落不悲；从林茂盛心生欣悦，万木凋零不必心灰意懒。群鸟飞向黛青色山岩，夕阳隐入清澈的湖心，一切皆有轨迹，万物皆有归宿。只要在繁华中为心留一片真淳之地，于纷芜中安然自处，即能如寺外的那棵老树，触着流云和微风，每一天都在隐秘生长。

修行之路，并非全然舍弃，而是坦然面对，不功利，无欲望。

"旧业可否重拾？"弘一法师心有结，便问嘉兴佛学会会长范古农。

在受戒之后，弘一法师应范古农之请，赴嘉兴精严寺。在精严寺藏经阁内，他披览经卷，潜心于深微精妙的佛学世界中。然而，愈是翻阅，心中的疑团便愈大。

"若能以佛语书写，令人喜见，以种净因，这也是佛事，又有何妨？"范古农一语点透。

弘一法师在茫茫大海中航行，猛然间像是瞥见一盈灯光。前方的呼唤声，比先前更清晰了一些。折断的毫笔，仍可再续；抛弃的书法，仍可再写。

于是，他研墨展纸，提笔而写："佛即是心心即佛，人能弘道道弘人。"

白纸黑字，铅华洗尽，见字如见佛法，结善缘，种善因，亦是身心之修行。心中微风轻扫，拂去尘埃，弘一法师眼前忽地明亮起来。

时间从他翻阅经卷的指间划过，不留一丝痕迹。有聚即有散，聚时自当珍惜，散时不必挂念。两月有余，已是岁暮。雪落大地，苍茫一片。

弘一法师离开精严寺，提着行李，走进了玉泉寺，其好友程中和，以及玉泉居士吴建东亦停留于此。

玉泉寺内有方池亩许，养鱼其中，弘一法师在写经念佛之余，常来此处观景。池中之鱼，看似自由，终究游不出这亩方塘。天空空旷无垠，游鱼也只能瞥见一角。然而，子非鱼，焉知鱼之乐，无论置身何处，应以坦然处之。路不在脚下，而在心间铺展。

起居时间，如戒律一般，他严格遵守。早食粥，午食斋，过午不食。他将自己埋在经卷之中，潜心研习。如见友人，句句不离佛语；如习字，笔笔不离佛书。这般苦行僧的生活，他并不觉枯燥，反倒觉得内心一日日清明起来，此前的尘埃渐渐拂拭干净。

残冬岁末，杨白民来玉泉寺探望他。屋内陈设简单至极，一张破旧的方桌，其上整齐堆放着今日诵读的经书，以及写下的佛联。屋子西北角则是一张窄窄的床榻，床上只是一条薄被，放置床头的衣服卷起来即是枕头。

杨白民看着心酸，却也不说什么，双手捂着茶杯取暖。弘一法师听他说起雪子的情况，不动声色，仿佛在听旁人的故事一样。

古人以除夕当死日。盖一岁尽处，犹一生尽处。昔黄檗禅师云：豫先若不打彻，腊月三十日到来，管取你脚忙手乱。然则正月初一便理会除夕事不为早；初识人事时便理会死日事不为早。那堪茬苒荏苒，悠悠扬扬，不觉少而壮，壮而老，老而死；况更有不及壮且老者，岂不重可哀哉？故须将除夕无常，时时警惕，自誓自要，不可依旧蹉跎去也。

余与白民交垂二十年，今岁余出家修梵行，白民犹沉溺尘网。岁将暮，白民来杭州，访余于玉泉寄庐，话旧至欢。为书训言二纸贻之，余愿与白民共勉之也。

戊午除夕雪窗大慈演音

窗外大雪纷纷扬扬，弘一法师研磨，借着雪之微光，写下如是字句。双脚踏入空门，心灵如雪轻盈，从前那个自己，渐渐隐退在雾中，不见踪影。

潜心修行

　　天气一天天暖起来，湖中结下的薄薄的冰，渐渐融化。野鸭轻游，划出层层涟漪。片刻之后，波纹渐微，水面复又平静。时间终能平复一切，如同海水能覆盖所有的凹陷，只要耐心等待。

　　三月杭州，正值柳暗花明。弘一法师在那所接见杨白民的简陋居室内，又接见了即将调职武昌前来话别的金兰好友袁希濂。曾经的天涯之友，如今四散天涯，再聚首时，全然没了那份纯净如水的心境。

　　一人是僧衣，一人是官服，隔着破旧的木桌，相对而坐。袁希濂话语并不多，不过是声声叹息，弘一法师则静静等着茶叶在杯中展开、回旋。房门开着，回廊上的游人不时从门前走过，弘一法师始终没有向外看一眼。

　　许久之后，全然展开的茶叶沉在杯底，弘一法师端起茶杯啜了一口。

　　"你前生也是一个和尚，希望你能在朝夕之间，多念经读佛。"

　　弘一法师的口吻，并不像是玩笑。临别之时，他还向友人推荐印光大师刻印的《安士全书》，是为清朝人周梦颜所作，佛理阐释得极为精准彻底。

　　自己脱离了尘网，便也劝周遭之人尽早觉悟，以免误入歧途，寻不到渡到彼岸的路径。

　　然而，两人已在不同的世界里，贪恋红尘之人又怎舍得放下？旁人的劝告终究隔了一层，唯有自己领悟，方可看清这混沌的江湖终究是虚幻。

　　袁希濂走出玉泉寺时，并没有回头，心中想着此次相聚倒不如不聚，聚了反而与昔日好友有了隔阂。然而，弘一法师推荐的那本《安士全书》却始终萦绕在他心中。许是因缘巧合，多年之后，袁希濂于丹阳县任职时，偶得此书。读罢，恍然觉得学佛之事不可耽搁，于是在公署内设立佛堂，每日清晨念佛跪诵，随后便皈依于印光大师门下。

人与佛有缘，即便涉世甚深，时机到时，亦能明晓心之所向。

每一条路，都用脚步丈量；每一寸光阴，都用身心细细地体会。胸中荡着清气，眼中满是安详。

玉泉寺景致虽好，终因游人过多，好似闹市一般。弘一法师收拾行李，决定回虎跑寺过出家之后第一个结夏期。此期为旧历四月十五日至七月十五日，僧人不云游，只可在禅寺之内静心休养。

唱赞颂，是结夏期中的日课。在华德禅师那里，与众僧一起唱赞颂，弘一法师再一次领悟了音乐的美好。此前他以为，抛却的艺术中，唯有书法可再续，如今唱响那缥缈的赞颂时，他明白有声的音乐，亦可净化心灵。

梵经在五线谱上流淌时，他恍然记起了父亲去世时，屋内响起的梵音，空明、洞彻、流畅，像是一场灵魂的洗礼，像是一次轮回。

唱诵之余，弘一法师着手将众僧手录的音韵偈赞，加以整理完备，剪辑装订成一册《赞颂辑要》。

弁言有云："歌唱颂歌，其利益甚多：一能知佛德深远，二体制文之次第，三令舌根清净，四得胸藏开通，五处众不惶，六长命无病。"

在读与唱中，经书要义渐渐浮出水面，他听着愈来愈响的蝉鸣，看着变幻出千万种姿态的流云，仿佛正走入忘我的空明之境。

妄念舍去，真心常驻，是为修行之法。

流水涓涓而流，树叶飒飒而响，自然之声并非入了耳，而是入了心。

结夏期在一个无风的黄昏结束。收拾行李，弘一法师还是要去寻安静的住处，潜心修行。

秋风起时，他又移居灵隐寺。居无定所，心有所依。

旧历十二月八日，正值释迦牟尼佛成道之日，弘一法师与程中和、吴建东居士共燃臂香，依天亲菩萨《菩提心论》发十大正愿，以此表明自己潜心修行净业之决心。弘一法师心意更为坚定。这条路途，亦如红尘之路那样山重水复，并非想象中的那样平坦，而他甘愿承受一切苦楚。

冬季过后，浙江一师的学生楼秋宾来访。弘一法师拿出去年冬天剩下的陈茶，为学生沏好，自己则饮一杯清水。

楼秋宾家住富春江畔的新城，境内有贝山。登上此山，可眺望汹涌澎湃的钱塘江。山下即是幽谷，深不见底。山腰中有清泉流淌，泉水香而冽。八月至翌年四月，山顶积雪盈尺，久不融解。

回廊之中，与往常一样，时有游人经过，或向内探看，或嬉笑叫嚷，弘一法师早已习惯，并不去理会。"贝山环境清幽，可开辟出一块山地，供老师筑室掩关。"楼秋宾于心不忍，想为老师做一点事情。

假如真是如此，倒是极佳的去处，弘一法师心生向往。

只是土木之事，佛界中人极为重视，何时动身前行，弘一法师需等待因缘。

旧历六月，无风、炎热，唯有寺外流淌的清泉带来些许清凉。于虎跑下院，众友于接引庵治面设斋，为弘一法师饯行。马一浮赋诗七律两首，题为《弘一法师上座将掩室新登贝山夐绝处，以此赠别，且申赞喜》，并题写"旭光室"一额。

"来日茫茫，未知何时再面？"弘一法师手书"珍重"二字赠别夏丏尊，转身之际向众人说着。未曾难过，只觉人世聚散无常。

临行之时，程中和居士决心同往，跟随弘一法师修行。于是，在弘一法师的介绍下，他皈依于了悟和尚门下，法名演义，法号弘伞。

钱塘之水悠悠不尽，又一次起程。站于岸边的朋友看着弘一法师孤绝的身影，不胜唏嘘。而站于船头的他，并未回头。那一刻，他的心中，是否有过不舍？哪怕这不舍只有一分。

弘一法师与弘伞到达贝山之后，暂住于楼秋宾家中。起居时间没有随居所而改变，仍旧是早食粥，午食一碗米饭，少许青菜或豆腐，不含丁点荤腥。其余时间，他则用来研习《律藏》《四分律删繁补阙行事钞》《四分律含注戒本疏》《四分律删补随机羯磨疏》。对其进行归纳总结之后，开始起草《四分律比丘戒相表记》。

筑室还在进行中，可灯火阑珊时，他心中总是不安宁。起初，这种感受只是若有若无，隐隐约约，而后愈来愈强烈，竟扰得他无法安睡。

秋风渐起，天气转凉，一场暴雨将那间居室冲垮。

这里不是他的归宿，命运让他云游四方。

第七章

修持：心底清静方为道

掩关治律

披一袭袈裟，弘一法师又开始在云雾中穿行。寻找一处静谧的场所以容身，也寻找一番悠然的心境以修行。

天空清明如许，鸟群飞过不留痕迹，莲花在风中含笑，湖水荡起一层涟漪。弘一法师写完一幅字，便与弘伞沿富春江而下，挂单于衢州城北的莲花古寺。

风不定，花落满径，人心微动，是欲望萌生。每当此时，弘一法师便研墨习字。弘伞叩响门扉，经允许后，迈门而进，要帮着研墨。弘一法师默然拒绝，一切都要身体力行。看着墨一圈圈晕开，仿佛是一次次轮回，心中回旋的风渐渐变小，他提笔在展开的纸上写下一卷卷《阿含经》，直至心中的风全然平息。这近乎执拗的认真，让他的视力渐渐模糊。

有人之地，喧嚣不止，无处可避。各界人士涌进禅寺，请求弘一法师赐字。江湖有江湖的规矩，佛法有佛法的戒律，纵然他的视力愈来愈模糊，心却如黎明之光，愈来愈明。对于官府人士，他断然不见，而对于天真之孩童，他则不惜赐楹联，且为之亲笔题写跋语。心有明灯，所作所为即趋向光亮。

细雨过后，秋意渐浓，落叶铺了一地，荷叶漂浮在水中。伤春悲秋大可不必，此是自然的规律，遵循便好，弘一法师临窗而立，望着天际流云，自由飘浮。

彼时的衢州中学教员、曾经的南社成员尤墨君前来拜访。弘一法师为他泡陈茶，听对方讲起南社以前的故事，恍如隔世。不动心，不动情，安于当下，即是他此刻最自然的姿态。几次来往之后，尤墨君提出将弘一法师出家之前的文章编辑成册，以"息霜"之别署，取名为《息霜录》。前尘往事，既已存在，回避无益，唯有坦然对待，因而弘一法师对此并不反对。只是，他不愿收录绮丽之词，亦不愿刊印情事之诗，选来选去，竟然没有几篇可入他的眼，此事也便作罢。

薄雪覆盖窗台，又是一年将尽时。莲花寺不是弘一法师的归宿，他还要去寻找静心休养之地。

临行前，他将出家以前所写的《大乘戒经》，以及几篇近作赠予尤墨君。尤墨君展开经卷，其中不见花哨的字体，唯有蝇头小楷整齐排列。每一笔字都是对佛法的敬畏，都是对淡然宁静之境的探寻追索。

尤墨君抬起头望着弘一法师乘舟远去的方向，却只窥见一个翩然而归的僧人背影。

行舟划开水波，寒风侵进衣袖，水路辗转之后，弘一法师又来至玉泉寺。

《四分律比丘戒相表记》虽已动笔，却因戒相繁杂，不易整理，进展极为缓慢。再加上杭州之地故交甚多，应酬之事不断，无法"息心办道"，弘一法师虽暂时驻锡玉泉寺，仍未有常驻之意。

恰此时曾经南洋公学的同学林同庄来玉泉寺探访他，向他提起永嘉之地四季温润如春，环境清净幽然，又有一所庆福寺掩映林中，甚是清雅，自是掩关静修的好去处。弘一法师听后，心生向往。

经友人多方联络之后，弘一法师简单收拾了行李，又踏上寻觅清净之所的路。

烟花三月，河岸两畔杨柳低垂，落英缤纷。弘一法师心中有佛，眼中所见皆有灵性，心无旁骛，只是默然欢喜。

永嘉大南门外，赫然耸立着飞霞山。飞霞山下有一深不见底之洞，是为飞霞洞。山洞面前，便是庆福寺。此寺背靠苍翠之山，前绕清澈之河，云雾缭绕，碧树生烟，弘一法师未进古寺，便已喜欢上了这里。纵然寺内因年久失修，房舍破旧，但弘一法师极爱这里的清幽。

住持寂山长老扫出三间客房安排弘一法师与随行的弘伞，以及前不久在玉泉寺剃度的宽愿住下。弘一法师房间的陈设一如既往地简单，一张破旧的木桌，一张简易的木床，一条草席和一顶旧蚊帐即是全部；一年四季身上也只有一件单薄僧衣，可谓简朴之至。

"吾今日起，掩关永嘉庆福寺，请印光示弟子，如何感通？"弘一法师一字一句写得极为虔诚。

"心未一而切求感通，即此求感通之心，便是修道第一大障。"印光大师回复的信中，是责备，亦是叮嘱。

心静，风则定；心未一，水波起。李叔同起身关上门窗，铺开一张素纸，如是写下：

余初始出家，未有所解，急宜息诸缘务，先办己躬下事。为约三章，敬告同人。

一、凡有旧友新识来访问者，暂缓接见。

二、凡以写字作文等事相属者，暂缓动笔。

三、凡以介绍请托及诸事相属者，暂缓承应。

冀同人共相体察。失礼之罪，希鉴亮焉！

释弘一法师谨白

夜深阑珊之际，琉璃灯散着微光，他跪在佛像前自问，是否还存欲心，是否已经彻悟。水滴进湖心，销声匿迹；叩问无果，还要修行。

家书与友人之信，仍会涌进庆福寺。寂山长老受弘一法师委托，便于信封背面写上"该人业已他往"字样，原封不动地退还回去。

不挂念，不眷恋，排除一切杂念，向死而生，潜心修行。一日清晨，弘一法师执笔写下"虽存犹殁"四字，贴于正对院门的窗口之上。

既然心已皈依佛门，又有什么不可放下，家人已抛，朋友已弃，心无杂物，却比任何时候都丰满。

夏至，蝉鸣愈响，碧树愈翠。梅雨如织，青石板路生了薄薄一层苔藓。

弘一法师打开窗，伸出手去接房瓦上滴落下来的雨。雨滴落在掌心，稍留片刻，又从指缝间流逝至尽。一切都是无法挽留的，只能顺其自然。经过三个月的闭关静修，弘一法师对此领悟得更为透彻。

木桌上的纸稿已是厚厚一摞，《四分律比丘戒相表记》初稿已经写好，依旧是由蝇头小楷写成，其间用朱笔点断，句读分明。窗外淅淅沥沥的雨，不知何时停息。弘一法师复回桌前，蘸墨于空白页中写下自序："三月来永宁，居城下寮。读律之暇，时缀毫露。逮至六月，草本始讫，题曰《四分律比丘戒相表记》。数年以来，困学忧悴，因是遂获一隙之明，窃自幸矣。"

晨昏暮晓，轮回往复。路没有终点，这只是一个开始。

渡过死劫

万物无定，云可升腾成千万种姿态，岿然不动之山亦是如此。近看时，山色为青；走远一些，青则转浓，变为墨绿；及至遥望时，唯见靛蓝涌动。

弘一法师在窗前，看寺外青山如黛，听水声激荡如钟，内心有一扇门吱呀一声，悄然开启。曙光渗进其中，像是禅慈悲的馈赠。

晨晓，寺内幽静如许。弘一法师穿过曲径，向寂山长老房中走去，途中遇见几个僧人清扫寺院，笤帚划在地上有着沙哑的声响。叩响寂山长老的房门，弘一法师从袖中抽出一份启事，要拜寂山长老为师。

弘一法师昨日在念佛时，忽然想到佛家的规矩：云水僧在一个寺院中住下，依律要拜寺主为"依止阿阇梨"，即依止师。规矩不可破，行止依从律，弘一法师始终践行着这个原则。

"余德鲜薄，何敢为仁者帅啊。"寂山长老不禁愕然。

"吾以永嘉为第二故乡，庆福寺作第二常驻，俾可安心办道，幸勿终弃。"弘一法师言行虔诚而谦卑。

寂山长老不是不愿，而是自觉才学德行皆不及弘一法师，是以再三辞谢，不敢轻率应允。

弘一法师自遁入空门，已经全然抹去富家公子的痕迹，唯有认真的姿态始终不改。修行未完，怎可越矩，于是，第二日，他拿着一方毡子，并邀来周孟由、吴璧华两位居士，再次叩响寂山长老的门扉。

弘一法师郑重地将毡子铺在上座之上，恭请寂山长老入座，接受拜师之礼。寂山长老一如既往，百般推脱，始终不肯就座。弘一法师心意已决，无可更改，便向着空座位顶礼三拜。几日之后，弘一法师在报上发表一则声明，表示已拜庆福寺住持寂山长老为师。自此之后，弘一法师致信寂山长老，皆以"师父大人"尊称。即便寂山长老几次去信，说明内心之不安，弘一法师始终不改初衷，自称弟子。

三年之后，寂山长老再次请求弘一法师勿再以"弟子"自称，弘一法师则提笔写下一封心意至诚至笃的回信："弟子以师礼事慈座，已将三载，何可忽尔变异？伏乞慈悲摄受，允列门墙。"

寂山长老展信之后，许久未言，眼中似有泪意。关房之外新栽的那棵小树已开枝散叶，几声鸟鸣更显寺中之幽。寂山长老将信折叠好，压于佛经之下，香雾袅袅攀上，他心中已经释然。日后弘一法师再以"师父"相称时，他终于不再推辞。

天气时晴时雨，月时盈时缺。所有的路，都要走遍，才能领悟经书所言。

七月，酷暑，永嘉多日狂风暴雨，居所内寒潮甚重。弘一法师竟然患上了父亲当年的老病——痢疾。起初不过偶感肠胃不适，心中并未在意，仍是早食粥后，或是礼佛诵经，或是研习戒律。

命中有劫，无可躲避。不承想，这病症竟一日日加重，以至于卧床不起。除却在床上念阿弥陀佛，再无力做其他事。木桌上那本刚刚成形的《四分律比丘戒相表记》，也只得暂时中止。寻医问药多日仍不见起色，想到父亲当年便是因此丧命，他不再挣扎，而是使力打坐。

窗外电闪雷鸣，风雨大作，像是要将一切都洗劫。寂山长老冒雨前来探望，看到弘一法师不消几日便瘦了一圈，面有忧色。

"小病从医，大病从死。今是大病，从他死好。"弘一法师嘴唇已然泛白。

"唯求尊师，俟吾临终时，将房门扃锁，请数师助念佛号，气断逾六时后，即以所卧被褥缠裹，送投江心，结水族缘。"弘一法师做了最后的交代。他仿佛看见另一个世界的大门正徐徐拉开。门内折射出来的光异常亮，弘一法师看不清那里面是怎样的一片光景。

寂山长老听闻弘一法师遗言，不禁失声痛哭。生死原是命中注定，不可更改，不可违背。出家人不动心，不动情，面对生死之事合该淡然自处。然而，僧人亦是人，即便不动情，心中也有情，弟子将逝，如何自持？

弘一法师闭目回首一生，恣意纵情时有之，意气风发时有之，心意淡然时亦有之。欠下的情债在踏进寺院时，便已无法偿还；未遂的艺术理想，只得扬在风中。狂风扫窗，雨敲门扉，弘一法师听着自然之声，心中唯有佛法，寂静安然。如若路已走至尽头，遗憾不必重提，只管坦然接受。另一个世界的光，足够照亮他素净的面容。

寂山长老脸上的泪痕未干，弘一法师示意他回去。

屋内只留下他一人，雨始终未停。黄昏来临，室内没有电灯。雷电不时在天际炸响，一闪即过的光从弘一法师脸上划过，像是某种不可寓言的启示。

弘一法师缓缓睁开眼睛，追寻着那束光，一遍遍拷问自己的内心：修行是否完结？心结是否解开？灵魂是否顿悟？狂风掠过，树叶飒飒作响。弘一法师躺在床上，无法正面回答拷问。

在风雨交织的夜中，他沉沉睡去。或许他不再醒来，或许醒来之时，他已重生。

曙光透过窗子，照射到弘一法师脸上。他缓缓睁开双眼，恍然间不知自己身在何处，亦不知自己是生是死。

掀开盖在身上的薄被，弘一法师弯腰穿上僧鞋，站起身来。《四分律比丘戒相表记》仍放置在木桌右上角，左上角是几本佛书，旁侧是日常所用的笔砚及素纸。弘一法师因消瘦而干枯的双手，轻轻摩挲它们。一切都是佛恩，一切都是天意，他抬起头望向窗外。经雨洗过的树叶，更加青翠，阳光穿过其中，投下一个婆娑的树影。

弘一法师迈出门槛，走在干净的曲径上，内心轻盈无比。对于万物，他报以感念；对于生命，他心怀敬意；对于佛法，他知晓道路漫长。

清风徐来，吹起他袈裟一角。他顾不得将其展平，脸上满是笑意。

对岸有望抵达，只要他潜心而往。

得拜高僧

民国十二年（1923年），春日，庆福寺，冬眠的树木抽出嫩芽，微风催开几朵紫色小花。

弘一法师两年的掩关生活至此结束，其间未曾接见旧友新识，未曾拆开任何信函。历经那场生死，弘一法师对生命有了更深的领悟。

前路悠远漫长，这里不是终点，他还要动身去寻找。

走出庆福寺，他回首望向这座寺院，赭红色的大门在阳光的照射下泛着斑驳的光泽，寺后山色如黛，仿佛万物都一如当初，可一切都在变化着。

舟在水中行，留下一道长长的水波。空中一只鸟迅疾而过，落下几声啼鸣。

弘一法师手持锡杖，临风而立，默然不语。世界千姿万态，他在修行之后渐渐只看到一种形态——静。

上海，曾经安放过他的艺术梦想，寄存过他不问结局的爱情，也寄存过等了他六年却只等来一封空信笺和一缕黄须的雪子。再次踏入这座城市，弘一法师心静如水，一笑付之。那些前尘往事，已经消散在风中，又何必心心念念，徒增烦恼。在弘伞的陪伴下，弘一法师暂时挂单于沪北太平寺。

老友穆藕初此时已是上海有名的实业家，以实业救国是他一直以来的主张。前些年听闻弘一法师出家，心中便极不认同，及至今日仍是无法顿开。

得知弘一法师回到上海，穆藕初便放下繁忙事务，起身前来拜访。

两人相见，穆藕初见弘一法师身披袈裟，目光炯炯，气象万千，心中竟有些拘束。

弘一法师手持瓷壶，为好友添茶。茶香袅袅飘升，林中传来几声鸟鸣。

"近日翻阅，见书中对佛教颇有诋毁。"穆藕初终于鼓起勇气，说出内心的忧虑与疑团。继而他端起茶杯，啜了一口茶，仿佛是在斟酌字句。"佛教是出世的，而我国衰败至此，非全力支持，恐国将不国，恕我直言，我不甚赞成出世的佛教，不知弘公将何以教之？"穆藕初断断续续说完，松了一口气。

弘一法师并不急着回答，而是站起身来走至窗边。寺院小径蜿蜒而去，树底一棵小草破土而出，风过竹林飒飒而响。而后，他转过身来，眼中满是自然的光彩。

"出家人并非属于消极一派，试看菩萨四宏愿便知。众生无边誓愿度，烦恼无尽誓愿断，法门无量誓愿学，佛道无上誓愿成。一切新学菩萨，息息以此自励，念念利济众生。"弘一法师不紧不慢地作答。

在太平寺静心修行期间，弘一法师与尤惜阴居士合作撰写了《印造佛像之功德》。这篇文章，由弘一法师详细提示纲要，由尤惜阴居士具体演绎撰就。翌年，此稿便附刊于商务印书馆印行的《印光法师文钞》第四卷，是弘一法师最早面世的一部重要佛学著作。

天空明净如洗，心中杂念戒除，眼中一景一物，皆是上苍的恩惠。

路渐渐从脚下延展到心中。

路过灵隐寺，走过莲花寺，一路走走停停，在落雪将来时，弘一法师又回到永嘉庆福寺。

门吱呀一声被推开，弘一法师走进格局未曾改变的关房，又要开始一段新的掩关历程。

寂山长老受托，仍是将亲友寄来的书信，在背面写上"该人业已他往"字样，而后原封退回。

空谷幽涧，佳蕙生焉。晨晓清气入鼻，黄昏梵音响起，弘一法师心中是淡淡的欢喜，仿佛已入永生之境，不知今夕何夕。

修行即是修心，虔诚谦卑是通往清净之界的佳境。弘一法师在执笔抄写经书时，忽然萌生了刺血写经的念头。在前人中，弘一法师尊崇净土宗第九代祖蕅益大师；于当世人中，弘一法师尊崇普陀法雨寺常修的印光法师。是以每有困惑，弘一法师皆要致信印光法师，以求指点。

弘一法师郑重铺纸研墨，将刺血写经的心愿写进信中，托人交给印光大师。

朝曦入檐，沉寒在袖。雪落窗台，小径留下几行脚印。弘一法师闭目念佛，静心等待印光法师的开示。

几日之后，寂山长老将印光法师的信函交到弘一法师手中。净手、焚香、礼拜，而后弘一法师庄严地展开信笺：

"座下勇猛精进，为人所难能。又欲刺血写经，可谓重法轻身，必得大遂所愿矣。虽然，光愿座下先专志修念佛三昧，待其有得，然后行此法事。倘最初即行此行，或空血污神弱，难为进趋耳。"印光法师的信中，是肯定，更是劝谏。

路要一步步走，冬天过后才是春，万物皆有秩序，不可违背，只得遵循。印光法师的点拨，终使弘一法师急切的修行心情渐渐平息下来。

黄昏之时，紫霞映天，流云向晚，群鸟振翅而飞，三三两两归巢，在空中舞出轻盈的舞姿。

弘一法师落笔，苦心经营和反复修改的《四分律比丘戒相表记》终于定稿。

夕阳的余晖，淡淡地流注在窗棂上，洒进去一缕橘色的光芒。天地澄澈，风烟俱净，一切都清明至极，弘一法师心中欣喜莫名。走出房门，夕阳渐入山中，寺前流水泠泠作响，清风吹入心怀。

走在林中蜿蜒的小径中，弘一法师的脚步甚为轻盈。佛家有"三无漏学"：戒、定、慧。由戒生定，由定生慧，而以戒为首。想到此，弘一法师又折回房中，研磨执笔，预立遗嘱："本衲身后，无庸建塔及其他功德，只乞募资重印此书，以广流传，于愿已足。"著述不为留笔迹于世，只为广利众生。

早些年，弘一法师便致信印光法师，期盼能入印光法师弟子之列，而印光法师或是婉拒，或是默不回信。世间之事皆要讲求缘分，因缘未到，强求亦无果。

又是一年岁末，临近除夕时，弘一法师第三次致信印光法师。海浪拍岸，岸以声回应；花开空谷，空谷散出芬芳，命运自有安排，一切都走在与你相逢的路上，弘一法师终名列印光法师弟子之列。

春暖花开，弘一法师自知生命又进入另一重境界。

参透真味

暮春的浙江，清早之时，清风盈袖，还是感觉有些寒意。

弘一法师手持锡杖，背着少许衣物，登上普陀山，进入法雨寺。

行踪不定，心有归属。弘一法师辗转多年，渐渐明白，僧途即是道场，佛法即在心间。

普陀山隶属舟山群岛，山上有白华、银屏、象王诸峰，连绵起伏，绿涛如潮。岛屿周围金沙绵延，白浪环绕，渔帆点点。法雨寺即坐落山上，以山林掩映。置身寺中，不闻嘈杂之声，但闻梵音与涛声相合。

弘一法师将单薄行李放下，未等休息片刻，便来至印光法师关房叩拜。

门敞开着，印光大师正用一把破帚扫地，风烛残年之际，他仍事事躬亲，身边不用任何侍者。关房陈设简单至极，一张旧床，一张木桌，桌上放置几部经书，以及笔墨素纸。弘一法师正要伏地叩拜，印光法师挥挥手，示意他不必拘礼。弘一法师仍是双手合十，向恩师深深鞠躬，以表谢意。礼毕，弘一法师欲拿过恩师手中的笤帚，印光法师委婉拒绝。

扫完地后，印光法师将笤帚放置墙角，拿起一块破旧抹布将桌子擦拭干净。挪动经书与砚台时，动作缓慢而郑重，而后又一一放回原地。

弘一法师站立一旁，默然不语，只是静静看着恩师的一举一动，并将其记在心里。

继而，印光法师又将油灯的玻璃罩抹净，动作利索，毫无拖泥带水之感。稍后，他拿出一件补着诸多大大小小补丁的单衣，放在盆中清洗。盆内之水，从无溅出一滴。

有僧人从门外走过，印光法师从不抬头看一眼。他始终专注当下之事，像是空谷幽兰，纷纷开且落；又像是深潭之水，不起一丝波澜。

雨湿窗台，印光法师并不将晾在外面的衣服拿进来。顺其自然，他说。

夕阳隐入山后，天色渐浓如墨，弘一法师走出印光法师的关房。

小径曲折回环，两侧草木茂盛。印光法师并没有和他多说什么，而他心中好似升起一轮明月，银辉遍洒，通透异常。

晨晓，鸟鸣盈耳，弘一法师跟随印光法师用斋。

一大碗粥，无菜。"初至普陀时，晨食有咸菜，因北方人吃不惯，便改为仅食白粥，如今已三十余年。"印光法师自云。

食毕，他将碗中剩余米粒舔舐干净，后以开水注入碗中，稍稍晃两下，以之漱口，旋即咽下。

弘一法师看后，并不言语，只是默默照做，心中饱满而丰盈。

午斋用食程序与早斋无异，印光法师见一僧人碗中还剩些许米粒便起身离开，当即缓缓而言："汝有多么大的福气？竟如此糟蹋！"

心有曙光，路途自现；专注当下，心无旁骛；以身示法，胜过闲谈。

弘一法师心中笼罩的烟云，渐渐散开。

朝来暮往，短短七日，世界与心境都不同以往。

弘一法师站在山下，抬头仰望。寺院掩映林间，露出飞起的一檐。烟雾弥漫缭绕，浮云静静游走，悠长的钟声在心间响起。弘一法师回过头，缓缓离去，仿佛每一步都是一场轮回。

海边涛声回荡，行人熙熙攘攘，弘一法师默不作声，登船而往。他原本想去南京，再前往九华山，参地藏王菩萨圣地。船到宁波之后，他便听闻浙江战事正吃紧，水陆几乎不通，只得在宁波下船，暂时于七塔寺云水堂挂单。

云水堂内并不大，上下两层的床铺挤满了云游僧侣。弘一法师见下层最里面的床铺还空着，便默默走过去，将行李放在上面。天气有些闷热，即便有风刮进来，拂过脸颊时，也早已失了清爽。

弘一法师并不在意，只是从破旧的行李中拿出一本经书，默默念诵。

夏丏尊恰在宁波第四中学兼课，得知弘一法师暂住云水堂后，便前来看望。

"这里太过嘈杂，还是去白马湖住吧。"夏丏尊看不得弘一法师受委屈，语气极为坚决。

弘一法师并不觉得在此处有任何不适，却不愿拂了好友的心意，只好随夏丏尊来至白马湖。

房间收拾好后，夏丏尊看着弘一法师将行李中的衣物拿出来，破旧的席子内包裹着一件单薄的被褥，两件穿旧的僧衣。他有条不紊地将席子铺在床上，再将衣服卷起来当作枕头。夏丏尊看了，眼中似有泪意，心中极为不忍。

好友知晓弘一法师始终严守过午不食的戒律，便在午时前将一碗米饭，两碗素菜送到弘一法师面前。一碗是青菜，另一碗是萝卜，不带油星，弘一法师却吃得极为满足。

尊重四时节气，对万物报以敬畏之心，这已是弘一法师最自然的状态。

第三日，夏丏尊仍将饭菜送至弘一法师住处，仍是一碗米饭两碗素菜。弘一法师并不动筷子，向夏丏尊直言出家人不该吃这么丰盛的饭菜，于是只将米饭与其中一碗菜吃干净，剩下的则坚持退回去。

"乞食是出家人的本分，以后不必再送饭，可以自己去吃。"弘一法师声音不大，却说得坚定。夏丏尊心有不忍，说那就逢下雨天时再送。

"我有木屐哩。"弘一法师边用一条已经变黑的毛巾擦脸，一边说，言谈中皆是满足。

生活的真味是什么，是美味佳肴，还是欢愉欣悦？艺术的真谛寄存在哪里，是在风雅的诗画中，还是日常的言行举止间？

日后回想起这次短暂的相聚，夏丏尊仍心有戚戚："人家说他在受苦，我却要说他是享乐。我当见他吃萝卜白菜时那种愉悦满足的光景，我想：萝卜白菜的全滋味、真滋味，怕要算他才能如实尝得的了。对于一切事物，不为因袭的成见所束缚，都还他一个本来面目，如实观照领略，这才是真解脱，真享乐。"

起程不择时，弘一法师背着简单的行囊愈走愈远，夏丏尊因不舍而轻声唤他，他始终未回头，只留给对方一个清癯的背影。

了却前尘

民国十五年（1926年），旧历十月，秋风寒，枫叶落。

弘一法师云游之后，再回永嘉庆福寺。寺前水声激越，寺后群鸟归山。

弘一法师走进关房，屋内因许久不扫，浅浅地落了一层灰。他轻轻擦拭，尘埃泛起，迷了他的眼睛。

刚刚尚且晴朗的天，不消片刻便漫上一层乌云。恰在此时，寂山长老叩响弘一法师的门扉，表情凝重地交给他一封家书。平日里，但凡有天津的书信寄来，寂山长老总是按照弘一法师的嘱托退回去，因而弘一法师看到他手中的书信时，已然感知这封信的不同寻常。

寂山长老将信送到之后便转身离开，外面已经开始落雨，雨滴在青石小径上溅起朵朵水花。弘一法师拆开信，白纸黑字写的是妻子俞氏久病不治，已于前几日谢世的消息。

伴着几声轻雷，雨愈下愈大。弘一法师放下信笺，望向窗外，寺院中已是烟雨朦胧。

恍惚间，他好似回到那一年的洞房花烛夜。那时他还是李叔同，穿着绸缎红袍，胸前戴着红花，有些颤抖地掀开眼前女子的盖头。

"你多大？"彼时的李叔同有些失望，因新娘不是他钟爱的姑娘。

"属虎，比相公虚长两岁。"俞氏眼波流转，低眉含笑。

时光流转，俞氏终究在静默中离开这个世界，而他也已是遁入空门、潜心修行的弘一法师。

世间最是离别最让人黯然销魂，弘一法师当年毅然出家，不正是为了将这些爱恨情仇，纷扰喧嚣全都放下吗？数十载，他以青灯为伴，于佛经中云游，不问世事，可今日他再次自问，灵魂是否已经超脱？内心是否已经顿悟？屋内岑寂无声，窗外唯有雨敲打窗台。

一阵寒风吹进关房，险些将放置于木桌上的信笺吹走。弘一法师急忙抬起左手，将飘在半空中的纸页攥在手中。那一刻，他泄露了自己的慌张，不禁暗自懊恼起来。

风雨不定，心亦摇曳，弘一法师只好将书信压在砚台之下，而后跪拜在佛像面前，开始诵经。每诵五句，便稍作停顿，并摘一颗佛珠。许久之后，雨声渐小，天空愈明，弘一法师的心也静下来。

于是，他执笔给寂山长老写信，告知他自己要回天津一趟，但由于外面战事正紧，变乱未宁，只得将归期延后。

稍后，他又穿过干净的青石小路，走至吴璧华居士的关房，请他授了几种神咒，并在关中设灵，为俞氏念了几天《地藏菩萨本愿经》。

晨昏暮晓次第转换，他始终没有动身去天津。寺外纷乱的战事，不过是托词罢了。

是不敢面对，还是不愿再惹尘埃，夜深阑珊之际，弘一法师也曾问过自己，但烛火明灭，始终无果。

菩提本无树，明镜亦非台。

本来无一物，何处惹尘埃。

路途太过漫长，自身与彼岸的距离，好似一直不曾拉近。

几度春去秋来，几度花开花落，岁月在尘世转了数次轮回。杨柳抽芽时，弘一法师又给庆福寺留下一个清瘦的背影。

在杭州，弘一法师暂时挂单于招贤寺。

江湾过街楼里，有一座颇有古意的小楼。墙壁四周种着不知名的花草，一到春日，就恣意疯长起来。清晨的阳光并不强烈，穿过带纱的窗棂铺到屋内的桌子上。

丰子恺与刚从日本归国的友人王涵秋正坐在座椅上，翻阅弘一法师出家时的旧照片。微风吹拂，墙外花草的清香慢慢渗进屋内，前尘旧梦就这样流泻开来。

"铛、铛、铛……"叩门声响了三下，丰子恺放下手中的照片起身开门。

门打开后，丰子恺不禁有瞬间的失神。照片上那个风流倜傥之人，已经走出来，附着在眼前这个披着袈裟，穿着草鞋之人身上。

拿起泛黄的老照片，弘一法师心境清淡，笑容虚空而超然。这一张是在天仙园看戏时拍的，这一张是《茶花女》剧照，这一张是东京美术学校毕业照，弘一法师缓缓地向丰子恺与王涵秋说着前尘旧事，仿佛这些故事都与己无关。

空中云卷云舒，能做到淡然面对一切，不苛求，不奢望，不刻意的人，又有几何？即便是心归佛法的弘一法师，也难能做到。当他在散乱的照片中，窥见自己站在城南草堂时的留影，那淡然的笑容稍稍僵持。

虽然天涯人已经各自散在天涯，那座城南草堂应该还守候在原地吧。

第二日，丰子恺与王涵秋陪着弘一法师去了城南草堂。岸边的杨柳随风摇曳，而青龙桥已不在，房子旁侧的小浜，也只存在记忆中。弘一法师走在二十年前那条日常惯走的小路上，内心有风吹起。

人不在了，景也换了，发生过的是什么呢？记忆中的色彩与声音是否可信呢？修行未完，心中并无答案。

弘一法师正准备走时，屋内走出一人，热情地招呼他们进去坐坐。

"贫僧听闻这房子原先的主人乃是许幻园，上人可否知道他的去向？"弘一法师怀抱一线希望，语气中满是期待。

那人指着不远处一间低矮的砖房："就在前面不远处，许居士门前摆着一张代写书信的小桌。"

穿过进桥洞，走过一条新铺的马路，弘一法师来至那所小平房。已近正午，阳光愈来愈盛，黄浦江上帆樯来往，水波不息。弘一法师深深地呼吸两下，抬起手叩响那扇破旧的木门。

木门"吱呀"一声响了，走出一位白发苍苍的老者。

风流雅事不复，倜傥之人已老，老友相聚，两两相顾无言。

"人生如梦耳，哀乐到心头。洒剩两行泪，吟成一夕秋。慈云渺天末，明月下南楼。寿世无长物，丹青片预留。"李叔同当年的题词，一语成谶。

岁月无情，如今辗转已是十多年过去，而昔日的两位风流才子，一位已经被风霜浸染，徐徐老矣；另一位早已遁入空门，西游数载。可叹！人生不过一场荒唐的大梦，纵然此刻相见得以再续前缘，也终究是泪洒尘泥，无影无痕。

离别之后，云高天远，后会无期。

夕阳西下，暗淡的余晖映照着弘一法师前行的路途。脑海中隐约想起唐代诗人李益的两句诗："明日巴陵道，秋山又几重。"

耳边，风声鹤唳。

第八章

落幕：留得残荷听雨声

弘法四方

　　小小的白色颗粒窸窸窣窣地下着，白茫茫一片，大地极为干净。

　　那是一个冬季。

　　踏着皑皑白雪，弘一法师穿着单薄的僧衣，破旧的草鞋，继续他的参禅修缘之路。途经上海时，弘一法师遇见了尤惜阴与谢国梁居士。交谈中，弘一法师得知两人明早将要动身前去暹罗，顿时来了兴致，当即决定随同前往。或许，很多命定的缘分，早已在路途中安静地等待着。在通往终点的途中，厦门是此次游行的必经之地。这座面朝大海，春暖花开的城，正以它温和而饱满的明媚之姿，等待着有缘人。

　　船只停靠在厦门海湾，日光温煦而朗净，照在人们脸上，让人感到莫大的幸福。弘一法师提着单薄的行李，手持锡杖，缓缓走出船舱，还未来得及环顾四周，他便呼吸到了一股来自大海的微咸气息，潮湿而清新。更令人倍感欣慰的是，城中之人有着同城市本身一般的宽容与美好。海岸之上，热情的陈敬贤居士早已等候多时。其实，这并非两人第一次见面，早在五年前的初春时节，他们就曾于杭州常寂光寺说佛论禅。

　　再见故人，弘一法师内心颇为欢喜。崎岖小路蜿蜒伸张，两旁的三角梅零星开放，流云在空中自由飘浮，海涛之声在礁石上绽开，万物皆有灵性，一切皆是缘分。这一次，他不是过客，而是归人。

　　"暹罗佛法兴盛，但如果法师能留在此地弘法，当是闽南佛界的幸事。"陈敬贤居士言辞恳切，语气中满是期待。厦门四面环海，鼓浪屿花开簇簇，弘一法师很是喜欢，再加上近来身体不适，确实难以禁得起

128

长途船旅。凡事冥冥之中自有定数，暹罗之行终被搁浅。

闽南佛学院创办于民国十六年（1927年），彼时学院中仅有二十几位学僧，但个个文雅有礼，这让弘一法师极为欣赏。在闽南的时光，轻松而愉悦，离开之后尚有余波回荡。

群鸟在空中划过，不曾留下痕迹。人们在路上行走，脚印也会被风掩埋。一切都是虚妄，只有心中的信仰，可超脱无涯的时间，在荒芜的世间，成为永恒。弘一法师披一袭袈裟，在途中寻寻觅觅，即是缘于此。

厦门这座城与弘一法师，彼此成全。

民国二十一年（1932年）旧历十月，已是冬日，却不觉寒冷。风吹起时，只闻到了满街的桂花香气。一户人家的墙角下，盛放着几簇白兰花，如雪，如雾霭，更如一场梦。行在途中，几不知世间尚有严冬风雪之苦，这是厦门给予弘一法师最深刻的印象。

北郊禾山以东的万寿寺，寺外延伸着一条长长的青石小路，路旁花草簇拥。寺内几株参天古木，使得庙宇半遮半露。此地少有人来，环境甚为清幽，弘一法师入住之后，很是喜欢。弘一法师站于关房之内，临窗而立，看到一只飞鸟翩然而过，姿态悠然而轻盈。辗转多地，始终未曾在一处定居，他问自己到底在寻找什么，是否已经寻到？

一切答案都在不语的水中，在沉默的风中。

晨晓时，他研墨展纸，坐于窗前，借着天光，用蝇头小楷一笔笔写经文。写完之后，再翻开佛书，轻声诵读，字义分明，铿锵有韵。偶尔，他也会整理寺院中的古本藏经，甚至加以编目校注。

将自己的心托付给信仰，即便终日做着同一件事，亦感幸运。弘一法师始终告诉自己，凡事不必叩问意义，存在本身即是一种意义。

一日，他收到一封家书，由俗侄李晋章寄来。

往常，家书总会被原封不动地退回去，许是自知心中已然平静如水，便拆开来看。信封之中只是一张登载着他已于闽南山中圆寂的消息，弘一法师看后，脸上并无愠色。对于生死之事，他已然看淡，肉身不过是一具躯壳，消殒是必然之事，大可不必惶惶然。

"惠书诵悉，数年前上海报纸已载余圆寂之事，今为第二次。星命家言，余之寿命与尊公相似，亦在六十岁或六十一岁之数。寿命修短，本不足道，姑妄言之可耳。"弘一法师回复的信中，三言两语即将内心之坦然道尽。

戒是无上菩提本
佛为一切智慧灯

心存感念，方向自明；慈悲为怀，彼岸终能抵达。弘一法师将这幅《华严经》佛偈送给妙释寺的性愿法师，也是送给自己。

夜色如墨，月华如水。

弘一法师在梦中看到自己化身一个翩翩少年，与之同行的则是一个儒师。小路蜿蜒曲折，似乎没有尽头。两人忽闻身后有诵经之声传来，声音高亢而凄清。因被深深震撼，两人便顺着小径原路返回。在路岔口处，他们看到一个老者正念诵《华严经》。正当他入座倾听之时，忽然从梦中醒来。

弘一法师猛然坐起，茫然四顾，唯有月华无声流泻。

梦境之中自有深意，它来自内心的祈愿，亦来自神明的旨意。

"昨夜得一奇梦，是我居闽南弘律的预兆。"天明之后，弘一法师对性常居士说。

屋内之人，读经、研究、归纳、起草、编写；窗外之景，孤鸟栖息枝丫，流云飘浮天际，清风自由来去。万物和谐至此，弘一法师别无他求。

旧历正月二十一日，他拿着完整且条理分明的《四分律含注戒本讲义》，开始了"南山律苑"的讲座。讲座之中，不立名目，不收经费，不集多众，不固定场所。弘一法师深知，普施恩惠，亦是度化自己。

心境澄明，虽近黄昏，眼中景致亦是无限美好。

心静如水

民国十八年（1929年），初夏，浙江上虞白马湖畔，落英缤纷。

湖畔对岸，有一座山房。门前是一丛修竹，四季常青，风起时飒飒而响。庭院之内，几株参天古木，洒下一片阴凉。房屋共有三间，格局并不大，但极为雅致。其中两间房门前有曲折的回廊，廊下铺砌着数十级台阶。每逢下雨天，台阶上便生出一层薄薄的苔藓。房屋后面，是几棵松树，寒冬之时，落雪压枝，甚为壮观。站于庭院，向远处眺望，只见白马湖上雾霭升腾，水波粼粼。黄昏时，偶有钟声响起，禅意幽然。

深居山中的岁月，窗外的花朵、树影甚至夜间的皎洁月华，都少了世俗的喧嚣与浮躁。年复一年，弘一法师就这样安静地看着它们变幻，从新生到衰败，再到长出新的枝芽，生命的轮回是如此简洁、纯然。天边的飞鸟，从空中掠过，隐入山林，姿态轻盈而舒展。

曾在黑夜中跌跌撞撞之人，才能懂得自然的慈悲与长情。命运自有安排，所以不必纠结于转角处是万紫千红，还是黯然荒芜，时光总会给一直走在路上的人，一个恰当的交代与偿还。一切皆是天意，如今的弘一法师看透了人间风云变幻，走过了山高水长，终究在自然的启示中，觅到了心灵的去处。

忽然间，他领悟了李商隐"天意怜幽草，人间重晚晴"的深意。李商隐一生命运不济，然而，年岁渐长，那些痛彻心扉的悲凉早就漫过皮肤，内化为滋养生命的骨血。于是，生命将近时，他选择与时光握手言好，与岁月不计前嫌，达观而释然、朴素而圆润，即使做不到心静如水，至少再不会大悲大喜。

弘一法师又何尝不是如此，此前的风流雅事，以及那些蚀骨的悲凉，都如烟一样散在风中，留下的不过是轻似梦的回忆，以及漫长的遗忘之路。有人曾说，弘一法师前半生的荣华如同雨露一样滋养着他后半生的枯寂。其实，出家之后，他内心并不寂寥，反倒因寻觅到归宿，而越发丰盈饱满。正如脚下的草木一样，不张扬、不谄媚，却以最为本真的姿态，彰显着生命的意义。

于是，弘一法师将这座学生与友人为他集资筑就的山房，起名为"晚晴山房"，自号"晚晴老人"。晚晴，即是峰回路转处，又遇柳暗花明，是一种灵魂之超脱，更是灵魂之归属。

秋意渐浓，迷蒙的雾霭，在白马湖上缭绕笼罩。

旧历九月二十日，是弘一法师五十岁寿辰。阳光有些懒散，透过修竹漏下一片婆娑的碎影。庭院一角的几株菊花，也在秋风中盛开。

夏丏尊、刘质平等友生，相约到经亨颐先生的"长松山房"吃面，为弘一法师祝寿。心波澜不起，又有好友相伴，此刻，弘一法师觉得人生如此完满。谈笑间，绍兴徐仲荪居士提议买些鲜活鱼虾，到白马湖去放生。恍然间，弘一法师隐约记起，母亲曾多次告诉他，在他出生之时，家中买了好些鱼虾放生，鱼盆之水纷纷外溢，以至于街道恰似河渠。

众人见弘一法师许久未动筷子，也不言语，以为他不赞成这种祝寿方式，便出言询问。

"此事可有不妥？"徐仲荪居士语气中满是担忧。

"哪里，朽人很是喜欢。"弘一法师回过神来，眼中有秋阳的淡然光彩。

夜半时分，凉意盈袖，弘一法师与众人一起前往白马湖附近的百官镇，买回十多斤鱼虾。回来时，恰逢晨晓，露珠打湿了弘一法师的草鞋与僧衣。他先行走至湖边，用小木盆舀起一盆洁净的湖水，又折下一条杨枝，而后以杨枝蘸着净水，为鱼虾灌顶洗礼。这道庄严的"杨枝净水"的放生仪式，使得默默观看的徐仲荪居士与夏丏尊等人深受感动。

仪式完结之后，弘一法师便与众人登上湖畔停驻的小船，解开缆绳，向湖心划去。轻舟荡漾，波澜渐起，晨辉轻洒，波光粼粼。弘一法师将鱼虾一一放入湖中，让其回归碧绿的湖水中。岸上簇立观望之人，无不兴高采烈，拍手叫好，皆赞叹这样的放生活动未曾出现过。面对这般场景，法师竟流出了欣悦的泪水。

晨露在叶片上留下淡淡的痕迹，弘一法师久久站立岸边，任凭秋风掀起他僧衣的一角。流云浮于天际，小舟荡于湖面，秋风闯入心怀，弘一法师的心境明朗而澄净。鱼虾潜入水中，他回归自我。

心有所属，哪里皆是归宿；心若流浪，身处何方皆是漂泊。既然已经将心托付给慈悲之佛，又何必担忧路途遥远漫长。晚晴山房只是修行途中的驿站，它无关乎终点。

弘一法师穿上芒鞋衲衣，又开始四处奔走。以己为范，以身弘律，这是他心中恒定不变的信仰与支撑。

途中的景致，不在眼里，而在心中。心中之花已经盛开，眼中所见即便萧瑟也茂盛。

不管从哪里出发，皆会回到原点。即便知道无法逃脱结局，也要一个全然的过程。一路走走停停，经上海，赴厦门，回永嘉，在途中广结善缘，一年之后，又落脚至晚晴山房。

晚霞虽美，终近黄昏；心境虽佳，已是晚年。弘一法师看着雨后初晴，风烟俱净，却深感疲惫。

四月，阳光渐盛，花开如浪。他关上房门，再次将"虽存犹殁"四字贴于窗上，决然弃绝世事，静修自了。

再历生死

初秋的阳光，透过窗棂，洒在一张照片上。照片上的人，坐在木桌的左边，披着袈裟，褶痕很是明显。下巴不再留有黄须，嘴略微向右歪，一双眼睛细而小，却满是慈祥的神情。他右手露出在袖外，掐起一串佛珠，脚上穿着行脚僧那种用布缕扭成的鞋。

弘一法师老了，脸上满是时光的印记。

愿尽未来，普代法界一切众生，备受大苦；
誓舍身命，宏护南山四分律教，久住神州。

弘一法师写下这副长联，一字一句皆是为信仰献身之意。岁月不断催促他的脚步，他不问生死，超脱而淡然，只愿在行走的途中修心，广施恩惠。于是，当他看到南普陀寺学院的学僧不听约束已成风气，情形大不如前，便决心办一个僧侣教育机构，由瑞金法师负责筹备。

"法师，请为这所学校赐名吧。"瑞金法师的言辞中，满是敬畏之意。

"教育之关键即在培养学生一股正气，《易经》有云，'蒙以养正'，就叫'佛教养正院'吧。"弘一望着窗外天空一角，略有所思。弟子心中有信仰，严格遵守出家人的清规戒律，这便是弘一法师办学的初衷与期望。因而，能进入这所佛学院进行深造的弟子，须得品行端方，朴素无华。对于弘法之事，弘一法师始终"余将尽其绵力，誓舍身命而启导之"。

心无杂念，哪里皆是归程。在讲经弘律，习字念佛中，时光翩然而逝。转眼间，旧岁完尽，又是一年春日。岁月带走的是什么，留下的是什么？弘一法师在修行的路上已经渐渐明白，无所谓去留，无所谓得失，一切皆在心间。

他早就听闻泉州的温陵养老院风景清幽，文化气息极为浓厚，唐代时曾是首科进士欧阳詹家庙，宋代时朱熹亦曾于此处讲学，因而心生向往。待养正院的筹办渐入正轨时，他便收拾行李，搬来此地小住。

"只住十五天。每天晨午两餐，蔬菜不要超过两样。若有人来访，请先通知。"弘一法师为不搅扰院内人们的正常生活，特意嘱托院董叶青眼居士。

午后时分，阳光有些慵懒，弘一法师与几十位老人坐在院内，随意而谈。他并不说佛法，只是说些日常琐事，讲自己身边并没有侍者，汲水、破柴、煮茶、扫地、擦案之事都是自己来做。其中的一些老人，会讲到自己年少时的往事，弘一法师只是面带微笑静静听着。阳光铺在褶皱的袈裟上，他的心中满是安然。

院落当中，另有一亭名为"过化亭"，因兵乱世时被毁，无人前去。叶青眼居士打算将其重新修葺，便恳请弘一法师补写横额。他从不吝啬自己的字，执笔蘸墨，匾额之上便落下"过化亭"三字。

在弘一法师居住养老院期间，慕名前来求字之人络绎不绝，弘一法师便在素纸上写下"南无阿弥陀佛"，从不让他们空手而归。十五日一晃而过，弘一法师兑现诺言，便收拾行李决定前往净峰寺。

"这次大师来泉州，州中人士多来求字，少来求法，不无可惜。"叶青眼居士心有不舍，亦有不甘。

"余字即是法，居士不必过为分别。"弘一眼中满是笑意，说完便手持锡杖，缓缓走向门外。

惠安县东三十里半岛的小山上，即坐落着净峰寺。此地三面临海，夜深人静之际，可听闻海涛拍岸之声。小山之石，玲珑重叠，就好像书斋桌几上供奉的珍品。此地夏季甚为凉爽，冬季时因高山挡住北风，是以并不觉得寒冷。

弘一法师初次来到此处，便生出终老于此的念想。在去往净峰寺的路上，他又看到此地四十岁以上的男子多半垂着发辫，女子的装束更是古朴，大有清初遗风。弘一法师心中颇为欢喜，仿佛自己置身于世外桃源一般。

"今岁来净峰，见其峰峦苍古，颇适幽居，将终老于是矣。"弘一法师忍不住给友人写信，告诉对方内心的欢喜之意。年岁渐长，他已不愿再云游四方，此处或许是最佳的归宿之地。

居于此地，他或是校正佛典，撰写讲稿，或是弘法讲经，生活犹如夜半之湖，平静幽然。每次讲经时，他总是沉着而缓慢地走到佛像前，虔诚地点上三炷香，以敬畏之心将其插在香炉里。而后，他慢慢地转过身，坐在一块方形的禅椅上，面带微笑地开始讲述内容。他讲得认真，僧众也听得入神。讲述完毕之后，弘一法师深鞠一躬，方才缓缓走出佛堂。

我到为植种，我行花未开。
岂无佳色在，留待后人来。

世间一切早有安排，并不随自己的心意而改变。缘分未到，强求无果。于是，当净峰寺的方丈因故去职后，弘一法师为免纷争，也只得离开此地，再次回到泉州。临行之时，已是十月，暑气渐消，秋风渐凉，弘一法师无法等到明年花开，心中虽有遗憾，却并不懊恼，毕竟顺其自然是他始终秉持的生活信念。

修行之路漫长而崎岖，风雨不知何时便袭来。

因长久辗转于途中，再加上闽南之地湿气太重，弘一法师回到泉州之后，便卧床不起。先是高烧不退，手足肿烂。一夜之后，病症便迁移至下臀，脓血流淌不止。不消几时，上臀也渐次溃坏。这次发病，好似决堤的洪水，来势汹汹，无力可挡。由于弘一法师拒绝服药，几天之后，脚面又生出冲天疔，这使观者无不心痛。

夕阳渐渐隐入后山，群鸟扇动着翅膀飞回巢穴，夜色层层加深，愈来愈浓。弘一法师知晓生命将息，便向一直守护着他的传贯法师口述遗嘱：

"命终前请在布帐外助念佛号，但亦不必常常念。命终后勿动身体，锁门历八小时。八小时后，万不可擦身体洗面，即以随身所着之衣，外裹破夹被，卷好，送往楼后之山凹中。历三日有虎食则善；否则三日后，即就地焚化。焚化后再通知他位，万不可早通知。余之命终前后，诸事极为简单，必须依行，否则是逆子也。"

生命至此，弘一法师对一切皆已释然，内心再无憾事。

数月过去，寒冬已是初春。温陵养老院墙外的三角梅，在清风的吹拂下，次第盛开。许是此生使命未完，彼岸还在前方，弘一法师经过调养，渐渐痊愈。

众僧前来探望，问及他的病况。

"不要问我病好没好，而要问我念佛没念佛。"弘一法师一字一句，说得极为严肃。

还有什么值得惧怕呢，还有什么可留恋呢？历经生死之后，内心更具馥郁之气。

清晨，花开无声；黄昏，空中无痕。在晨昏暮晓的轮回中，自然中总会有新的寓意与启示，只要善于倾听内心的声音。

晚晴终暮

一切有为法，如梦幻泡影，如露亦如电，应作如是观。

时光匆匆，走走停停，所有美好的、惨淡的，都将沦为回忆，有些化作天边绚烂的虹，有些凝成心底深刻的疤。而在闽南弘法的十余年，是弘一法师一生中不可复制的精妙时光。春暖花开的城里，终开出一段桃李芬芳的岁月。

此时的他，已是暮年。寻寻觅觅这么多年，寻到的是什么；遁入空门是为遗忘，是否已经遗忘？弘一法师抬头看见流云变幻出万千姿态，叹息一声，无法回答。

民国二十七年（1938年）十一月十四日，风有些凉薄，就像人心一样。弘一法师在泉州承天寺"佛教养正院同学会"上作了《最后之忏悔》的演讲。

日寇频频入侵，弟子四处流亡，一切都染上了沧桑。弘一法师感叹时光流逝之迅疾，亦为自己近年来因弘法而不得不会客的生活，感到深深的愧疚。

"啊，再过一个多月，我的年纪要到六十了。像我出家以来，既然是无惭无愧，埋头造恶，所以到现在所做的事，大半支离破碎不能圆满，这个也是分所当然。只有对于养正院诸位同学，相处四年之久，有点不能忘情。我很盼望养正院从此以后，能够复兴起来，为全国模范的僧学院。可是我的年纪老了，又没有道德学问，我以后对于养正院，也只可说'爱莫能助'了。"

夕阳渐渐落入山后，暮云镶上了金边，一切即将隐没于深浓的夜色中。纵然弘一法师已然看透生死，仍对这个世间存有一丝眷恋，一丝期待。曾经，他是一个风流倜傥的才子；如今，他是一个遁入空门的僧侣。在最后的演讲中，他的心底难免会透出一点俗世的温情。

"未济终焉心缥缈，百事翻从缺陷好；吟道夕阳山外山，古今谁免余情绕。"

他以清代龚自珍之诗为这次演讲画上了句号。

世间从不存在圆满之事，修行也从无终点。黄昏之际，弘一法师看到群鸟归山，心中余情回荡。他从纸稿中抬起头，与在座之人眼神交汇，片刻之后又慢慢低下头。那湿润的眼眶里，饱含着长长的一生。屋内鸦雀无声，静得连根针掉到地上的声音都听得见。他站起身来，深深地弯下腰，向听众鞠躬，而后拿起厚厚的纸稿，走出门外，像走进另一个世界。

对尘世心生淡淡的留恋，是内心的真感受，无法逃避，也不用自责，接受它便好。恍然之间，弘一法师仿佛寻到了生命的答案：一切应当顺其自然，不必刻意而为。

生何欢，死何欢。在舟上摇摇晃晃这许多时日，只为渡到彼岸。光阴一寸寸剪短，生命之灯愈来愈暗，为何前方仍是雾霭迷蒙，彼岸在何处？青莲是否已经盛开？

弘一法师日夜辗转，只为寻找一间静心修行的山房，终不得遂愿。他愿在内心的平和中，在涤荡灵魂的梵音里，追求瞬间之永恒，然而时光从指缝间漏下，不留一丝痕迹。

"上师，您虽出家，不愿再谈及艺术，但在我心中，您仍是一位老艺术家。"路人不止一次这样对弘一法师说。

"不敢当。"弘一法师透过弯曲的枝丫望向远方，眼神并没有落到实处。

"佛门中的生活，也是艺术生活。"路人循着弘一法师眼光望去。

这场对话，像是发生在梦境之中。可是谁又说得清，梦与醒的界限在何处；谁又道得明，艺术与生活的区别是什么。梦做得真切，即可算作现实；琐事做到极致，亦成艺术。弘一法师前半生专注于音乐、绘画、诗词、书法，在艺术领域中开荒拓土；后半生以身证法，在苦行中体验生命，于苦难中追寻生存的线索，领悟生命的真谛，这又何尝不是一种艺术。前半生的梦，色彩缤纷，流光溢彩；后半生的梦，归于平淡，却具深远的纹理与质地。

如若说，死亡是另一种醒来，弘一法师在睁开眼睛时，应当不觉遗憾。

寺外的世界，已处在水火之中，炮弹炸响之声掩盖了苍茫的钟声。

然而，弘一法师内心始终唱着悠扬沉静的梵音。用心弘法之余，他执笔写下"亭亭菊一枝，高标矗晚节。云何色殷红，殉教应流血"。以出世之心，牵挂国之危亡，弘一法师已在俗与空之间，寻到另一重境界。

碧湖偶有波纹荡漾，始终清澈无比；弘一法师虽对世间心存留恋，仍是淡然至极。

郭沫若致信弘一法师，欲求墨宝。弘一法师从不惜字，在展开的素纸上写下《寒山诗》：

我心似明月，碧潭澄皎洁。

无物堪比伦，教我如何说？

不知如何说，则不如不说。万语千言，犹在心中。

花开是喜，花落亦是一种归属，一生至此，花之清香将永存于记忆中。

民国三十一年（1942年），这是最后一个春日，也是永恒的春日。弘一法师仍走在路上，但很快他将停止脚步。一切都将画上句号，花也渐次开放。

夕阳绚烂西沉，月亮即将从湖心升起。舟在水中行，前方的迷雾渐渐散去。

天心月圆

那一年的暮秋时节，风霜爬满了弘一法师的额头，他的面庞依旧坚毅，写满了从容淡然。参禅悟道这么些年，如今早已领悟人生的变幻无常，像一位真正的智者，他预感到自己的大限之期即将到来。

民国三十一年（1942年）旧历三月二十五日，他穿着草鞋、拄着锡杖，衣衫褴褛地飘零了许多个地方后，将福建泉州不二祠温陵养老院选为人生的最后一站。

初到温陵养老院，弘一法师身旁仅有泉州开元寺方丈妙莲法师一人随侍。两人亲近的渊源由来已久，在妙莲还是位居士时，就早已听说弘一法师弘扬南山律学和持戒严谨的名声，对他仰望不已，因此总在寻找机会靠近，一睹弘一法师的仙容。"苍天不负苦心人"，经过多方探寻打听，妙莲得知弘一法师某次要在青岛湛山寺佛学院讲律，便调整行程前往青岛。自那时始，妙莲法师跟随弘一法师进修，一待就是五年。此次为了方便照顾弘一法师，妙莲法师特意住在离他不远的地方。

时光细腻无声地轻划过肌肤，窗外，初生的枫叶为天地间镀上了一层微微的红，天清气朗，偶有风声。十月，寒雾笼罩着远山深处，深邃的山谷缓缓地升起层层迷雾。

入住温陵养老院已有些时月，步入晚年的弘一法师，已经不再过多地讲经说法，他将自己居住的房间命名为"晚晴室"，终日盘膝静坐，闭门思考；瘦弱的身躯看似弱不禁风，唯有那双日渐混沌的眼睛仍透出智慧的光芒；枯枝一样的双手上，数条灰筋突起，裹着褶皱粗糙的皮肤，随意望去，与其他老者并无不同。他年迈体衰，但仍沿袭"过午不食"的旧俗，即便出现因补给不足而分外虚弱的情况，亦要坚持。

这日，天气晴朗、阳光明媚，风好似懂得人的心情一般，不似前几日的乖张肆意。暖阳轻柔地洒在窗边的几棵小树上，将那几朵淡粉的花苞照得焕发生机。打开窗子，幽香飘来。

好天气带来好心情，他又写下《修建放生园池记》，这是他这一生写的最后一篇完整的文章。其后，他将全部的精力都用来写信，也没有特定的某一位或几位，只是随心想、随心写，收信人都是一些年轻的后辈，诸如永春童子李芳远，教导他要"仁者春秋正富，而又聪明过人，望自此起，多种善根。精勤修持，当来为人类导师，圆成朽人遗愿……"。

李芳远是弘一法师在民国二十五年（1936年）夏，驻锡于厦门鼓浪屿的日光岩寺时结识的。当年，他只有十三岁，跟随父亲一起到寺院拜谒法师。孩童虽小却长得眉清目秀，举止行为甚是虔诚，颇得法师的欢心，两人自此建立深厚的法缘。弘一法师将与之的这段善缘看成是一段功德圆满的"忘年交"，心中自是十分珍惜。

临近中秋，人间有"月满人团圆"的习俗，而在佛家的偈语中亦有月满圆满之说。一年之中，天边的月亮总是阴晴圆缺变幻不定，只在中秋时节圆如明盘，皎洁生辉。像是要达成心中所愿，弘一法师选择这个时节出门，着素衣前往开元寺尊胜院讲解经书，没有当年的滔滔不绝连讲数日，只在一旁辅助其他主讲法师。数场下来，始终面容平静，说话从容。

八月十六日当晚，弘一法师在温陵养老院讲完最后一课，皎洁的月光笔直地从空中倾泻下来，将他苍老的脸颊映照得分外明亮。在那为岁月无情碾压出的一道道细纹里，悲伤正肆意蔓延。

结束了课程，他知道自己必须起程去做下一件事，只是感受着如今这副苍老的面容与衰败的身躯，惋惜还有很多心愿尚未达成：比如，去浙江白马寺湖畔寻觅晚晴山房；比如，去其他几处扬名的寺院瞻仰参观，传道授业解惑……

然而，也只能想想。弘一法师仅在结束讲经几天后肺炎复发，连续几天低烧，他却只简单食用最基础的枇杷膏。身体不适，他非但没有放任自己去休息，反而更加疯狂地处理手头的活计。生病的第四天，就为晋江中学的学生写了上百幅中堂。

这一写，终耗尽心力。

他知道将要迎接上天对自己的最后一项考验。然而，准备遗嘱不是一件简单的事。民国三十一年（1942年）十月十日这天，他将妙莲法师唤至身前，简单吩咐了一些日常事务的处理，又交代了遗骸的安置问题。以前在寺院居住时，他曾亲眼看到一些寺院的住持在圆寂后，被弟子们抬出屋外付之一炬，肉身烧得荡然无存——他尊崇天道、热爱生命，希望肉身得以自然消逝，因为只有这样，才能算得上是真正的圆满，而他这一生吃斋念佛、苦心修行，不正是为了获得圆满吗？倘若也如那些惨遭焚烧的住持一样，岂不是多年的修行都要功亏一篑？

人生最难过的事情也许就是，当活着的时候，万般皆可自己做主，而一旦死亡就只能任人摆布。所以，他执意要与自己有着甚好交往的妙莲法师全权处理身后事，这也是他选择在温陵养老院圆寂的初衷。

这天，他提笔写下"悲欣交集"四字，再持笔写下一封给友人的信件，其中有一句："君子之交，其淡如水；执象而求，咫尺千里；问余何适，廓尔忘言；花枝春满，天心月圆。"

弘一法师一生与友贵乎神交，如水之澹澹，清冷甘澈，历经少年、青年、中年各个阶段的艰辛旅程，及至如今归去，终于悟得禅机——春天来了花朵自然就会开满枝头，时节到了圆月自然挂在天心，生命的旅程原本就该顺应时势，平静、自然而圆满。

事毕，招呼妙莲法师进来，平静地将这些信物交于对方手中，只淡淡地说一句："此次，朽人真的要走了。"

妙莲法师伏在床榻前痛哭。

起身后，他开始按照前几日弘一法师的交代，为他准备纪念品；为他唱着梵音助念；为他吟唱"南无阿弥陀佛"数十遍……

弘一法师平稳地躺在一旁的床榻上，缓缓侧了一下身，将右臂枕在头下，全然聆听佛祖最后的教诲，呼吸渐渐变得微弱。

犹如释迦牟尼当年的涅槃，他亦是圆满地完成了自己于人世的修行，当精神遁灭的那刻，必是重又去到婆娑世界。

他的离去也同样带走了"茶花女"的惊鸿一瞥，带走了"长亭外、古道边"的悠悠绝唱，却从此留下"一瓢浊酒尽余欢，今宵别梦寒"的纯净姿态——大概在这世上，真正美好的事物无不是冷冰冰，残酷而决绝。正如席慕蓉多年前曾写过的这首诗："在暮色里你漠然转身/渐行渐远/长廊寂寂/诸神静默/终于成石成木/一如前世/廊外/仍有千朵芙蓉/淡淡地开在水中。"

下篇　李叔同的人生哲学

第一章

情操：名士风范影随身

真名士，自风流

李叔同颇有不随人俯仰的名士气质。他在日本学成归国后不久，浙江省立师范学校校长经亨颐久闻其名，想聘请他来任图画、音乐教师。李叔同提出了一个近乎苛刻的条件：给每位学生配备一架风琴。经亨颐表示，学校经费拮据，而且风琴稀有，难以买到，想减少若干数量。李叔同却不打折扣，他的答复是："你难办到，我怕遵命。"

经亨颐颇爱惜他这个人才，只好乖乖就范，为每个学生配了一架风琴。

李叔同的授课也颇具特色，不太理会学校的陈规陋习。在风格上，他以身教为主。他的弟子吴梦非后来回忆说："弘一法师的诲人，少说话，是行不言之教。凡受过他的教诲的人，大概都可以感到。虽平时十分顽皮的一见了他老人家，一入了他的教室，便自然而然地会严肃恭敬起来。但他对学生并不严厉，却是非常和蔼的，这真可说是人格感化了。"

在教学方法上，他敢开风气之先，引进国外的先进技术。他把西方美术中的人体碳笔素描引进中国，带进课堂。他还是中国最早提倡人体美术教学的人，并最早在课堂上使用裸体模特。在那个民风保守的年代，这是惊世骇俗的事。国内曾爆发一场长达十年的人体模特论战，以及艺术或色情的文化论战，直到1949年才终于宣告落幕。今天的艺术院校采用人体模特已不稀奇，其中也有李叔同的首创之功呢！

什么是个性？不随人俯仰，不与世浮沉，坚持做自己，就是个性。但你的坚持应该是有价值的，是对世界有益的，至少不会因为一己欲求伤害他人，否则就是任性了。

谦谦君子范

李叔同从不轻易责备学生。有一次，一个学生上音乐课时，偷看别的书。李叔同发现了，并不点破。等到下课后，他用很轻而又严肃的声音郑重地说：某某等一等再出去。于是，这位学生只得站着。等别的同学都出去了，李叔同又用轻而严肃的声音，温和地对这位同学说："下次上课时不要看别的书。"说完，微微一鞠躬，表示拜托了。

又一次，一个学生上音乐时，把痰吐在地板上，以为李先生看不见。但李先生却看见了，暂不作声。下课了，又把这位学生叫住，单独对他说："下次不要把痰吐在地板上。"说过之后，微微一鞠躬，表示你出去罢。

又一次，下音乐课时，最后出去的一位学生无心中把门一拉，碰得太重，发出很大的响声。他走了一会儿，李先生走出门来，满脸和气地把他叫回去，用很轻而严肃的声音，温和地说："下次走出教室，轻轻地关门。"说完，又是一鞠躬，然后把学生送出门，自己轻轻地把门关上了。

还有一次，上音乐课的时候，十几个学生为一组，环立在钢琴旁，看李先生示范演奏。这时，一个同学放了一个屁，没有声音，却很臭，同学们或掩鼻，或说"讨厌"。李叔同眉头微微一皱，但不动声色，继续弹琴。弹到后来，臭味散光了，他的眉头才舒展开来。等到下课铃响了，李叔同站起来，微微一鞠躬，表示下课。同学们刚要出门，他又郑重地宣告："大家等一等，还有一句话。"大家站住了，静候他说话。李叔同又用很轻而严肃的声音，温和地说："以后放屁，到门外去，不要放在室内。"接着又一鞠躬，表示话说完了。同学都忍着笑，走出来，然后跑到远处去，一阵大笑。

还有一次，一个学生走到图画教室时，大声喊道："李叔同哪里去了？"他不知道，李先生正在隔壁的教室里。如果换了别的老师，听到学生直呼自己的名字，肯定会大发脾气，李叔同却若无其事，平静地问："什么事？"

学生一听到他的声音，吓得一溜烟跑远了。

滴水感悟

某些人有一种习惯：看见别人做错了，便理直气壮地加以指责，好像自己就站在真理这一方。但是，他做错了，别人指责他时，他却愤愤不平，甚至恼羞成怒。这岂不是"己所不欲"，施之于人吗？古人云："敬人者人恒敬之。"又云："敬他人即是敬自己。"李叔同随时虑及他人面子，小心呵护他人自尊心，正是敬人而自敬。

看淡生死

李叔同的身体一向消瘦，出家后，修行过于刻苦，每天只吃一顿简陋的饭食，长此以往，难免营养不良。但他对自己的身体不以为意，病了通常也不治疗。他出家二十多年，小病无数，大病共有三次。

大师第一次大病，是在上虞的法界寺，病尚未痊愈，宁波僧人安心头陀跪请他去西安弘法，态度十分虔诚。大师自知病体不胜旅途劳顿，但不便拒绝，决定舍身弘法，临行前写了一份遗嘱给弟子刘质平，吩咐后事。刘质平急忙赶来，强行将恩师从轮船的三楼上背下来。师徒分别日久，竟在这种情景下相逢，相互感伤，不禁抱头大哭。

大师第二次大病，是在泉州。后来，他拖着病体，来到厦门弘法。有一个名叫黄丙丁的医学博士，感佩大师的道风，决定免费替他治疗，还说能为大师治病，是他的福气。大师因为刚好有著作尚未完工，所以乐于接受医治。黄博士为他精心疗治了三个月，他的病体才告痊愈。

大师第三次大病，是在泉州养老院。这时，他已经功德圆满，无挂无碍，决心往生，所以谢绝一切医药，每天仍照常工作。一日，广洽法师前来探视他的病情，他说："你不要问我病好没有，你要问我有没有念佛。"

大师圆寂前，预知往生日期，曾致函夏丏尊与刘质平二人诀别云："朽人已于九月初四日迁化，曾赋二偈，附录于后：君子之交，其淡如水。执象而求，咫尺千里。问余何适，廓尔忘言。花枝春满，天心月圆。"

他又吩咐坐弟子说："我命终前请在帐外念佛，但亦不必多念。命终后勿动我体，锁门八小时。八小时后，不必擦体洗面，随身衣被裹了，送往后山坳中即可。历三日有虎食我最好，虎不来则就地焚化。化后再布告周围，万不可早通知。"

1942年10月10日，大师手书"悲欣交集"四字。三天后（农历九月初四），他安然圆寂。三天后，他的灵龛被移往承天寺供奉火化，善男信女千余人，口念佛号，跟随恭送，沿途观者无数，场面十分壮观、肃穆。

❀ 滴水感悟

曾国藩晚年时，说自己活到了"可生可死"的境界。李叔同大概也是如此吧！

视钱财如粪土

李叔同出身豪富之家，年轻时出手阔绰，堪称奢侈。可是，留学回国后，参加工作未久，家族事业即告破产，从此他不得不靠薪水养活天津、上海两处家庭，还不时挤出一部分钱接济贫困学生，与过去的奢华相比，经济条件一落千丈。但他居然能安然度日，极少受到钱财方面的困扰，可谓随遇而安，境界非同一般。

李叔同出家时，不仅舍弃了家庭，也将私财施舍一空。他把半屋子极其珍贵的西洋油画、美术书籍赠送给了北京美术学校，将多年积下的印章送给了杭州西泠印社，将平生所藏字画裱装后送给夏丏尊，将几十年收集的音乐、书法作品送给学生刘质平，将其他物事送给弟子丰子恺，自己只留下三件衲衣、两袋佛典，还有一杖、一钵、一芒鞋，真可谓赤条条来去无牵挂。

李叔同出家后，修习律宗，决心做个"苦行僧"，更是视钱财如粪土。除了极少数故旧弟子外，他极少接受其他信徒的供养，对于钱财，他也是随到随舍，不积私财。有一次，夏丏尊先生赠给他一副美国出品的真白金水晶眼镜，他马上送给泉州开元寺，用拍卖所得的五百元购买斋粮。

李叔同长期坚持日食一餐、过午不食的戒律。而且，他只吃一般素菜，不吃菜心、冬笋、香菇等，因为它们的价格比其他蔬菜要贵几倍。

有一次，李叔同应邀去青岛湛山寺弘法，寺中有个火头僧，以为他一代高僧，必然前簇后拥，锦衣满身。谁知见到李叔同大师时，发现他衣着极为普通，不禁大为惊疑。有一天，火头僧悄悄走进大师所住的寮房，细察一番，只见床上是破衣破被，桌上是秃笔经书，简陋朴素已极。他终于明白大师为什么到处受人尊敬了！

俗话说："君子舍命不舍财。"这句话堪称"拜金主义"的名言，把钱财提升到比生命更宝贵的地位，还要加上"君子"二字，就更滑稽了！真正的君子，如李叔同者，绝不会出现生命价值的错位。用金钱衡量生命，经常会遇到"贬值"的困扰，超然金钱之外，才能发现生命本来的意义。

切断名利心

李叔同大师出家后不久，把以前的诗作精心挑选出来，认真抄写一遍，汇集成册，然后藏在一个高柜子里。

他的学生丰子恺、史良、邹韬奋、沙文汉等，很想将大师的诗作发表，以便流传于世，于是多次拜见，请求将诗稿交给他们付印。但大师无意虚名，断然拒绝。丰子恺等还不死心，便想到了一个"偷"的方法。当时，大师有一个学生叫小玲，才八岁，聪明伶俐，深受大师宠爱，随常可出入大师的禅房。丰子恺等人就用豆酥、糖橘子等食物诱惑小玲，叫他拿了大师的钥匙，把诗稿偷出来。然后，丰子恺给每首诗配上画，由邹韬奋负责，交给商务印书馆，以最快的速度出版发行，书名为《护师录》，并将新出的诗集样书及稿费18700元邮寄给大师。大师十分恼火，写信把丰子恺骂了个狗血淋头，吓得丰子恺再也不敢上门，直到大师病逝，他才来到灵前痛哭不已。

🪷 **滴水感悟**

李叔同为什么不愿出版诗集呢？或许是因为诗集中颇多"眉间愁语烛边情，素手掺掺一握盈"之类的艳句吧！但大师的深心，谁能测度？

不做应酬和尚

李叔同出家后，为了免于自己变成一个"应酬的和尚"，因此从不轻易接受善男信女的礼拜供养，他每到一处，都要先立三约：一不为人师，二不开欢迎会，三不登报吹嘘。他谢绝俗缘，很少跟俗界中人来往，尤其不喜欢接触官场人士。他46岁那年，在温州庆福寺闭关静修，温州道尹张宗祥慕名前来拜访，李叔同拒不相见。他的师父寂山法师拿着张宗祥的名片代为求情，李叔同垂泪央告道："师父慈悲！师父慈悲！弟子出家，非谋衣食，纯为了生死大事，妻子亦均抛弃，况朋友乎？乞婉言告以抱病不见客可也！"

张宗祥无奈，只好扫兴而去。

还有一次，李叔同到青岛弘法。青岛海军总司令兼市长沈鸿烈想拜见一下这位嘉言懿行的高僧，三次相请，李叔同都婉拒不见。沈鸿烈请炎虚法师代为邀请，李叔同未置可否。第二天，沈鸿烈满以为李叔同一定会赏光前来，于是大开筵宴。但李叔同没有来，只是托人带来一首诗，以示辞谢之意："昨天曾将今日期，出门倚杖又思维；为僧只合居山谷，国士宴中甚不宜。"

李叔同晚年在泉州讲律时，因为盛情难却，曾接受过信徒的几次宴请。不久后，他收到一个名叫李芳远的少年一封信，劝他远离"名闻利养"，责备他不应成为"应酬和尚"。李叔同惭愧万分，在文章中述说此事道："……他是个十五岁的小孩子，竟有如此高尚的思想……"自此，他谢绝一切宴会，哪怕得罪了人，也不再做这些无聊的应酬。

❀ 滴水感悟

中国人爱借名人往自己脸上贴金，所以自古以来，文人雅客便常为官吏富豪的座上客。能够放下架子尊重人才倒不是坏事，对弘扬文化也有好处。但李叔同不喜应酬，也颇能体现个人特色。

第二章

治学：要做就做最好

做事须严谨

　　李叔同初到杭州的浙江省立第一师范学校任教时，第一堂课，就让学生领教了他的严谨风格。响过预备铃后，学生们三三两两走向音乐教室，嘴里随便地唱着、喊着、笑着、骂着，他们以为，老师总会迟到一会儿，不妨趁此空闲放松一下。没想到，当他们推开教室的门，不禁大吃一惊：原来李老师早就端坐在讲台上，做好了讲课的一切准备。于是，学生们的笑声、叫声戛然而止，一个个低着头、红着脸，坐到自己的位子上。

　　后来，李叔同的一个学生这样描述当时的情景："李先生的高高的瘦削的上半身穿着整洁的黑布马褂，露出在讲桌上，宽广得可以走马的前额，细长的凤眼，隆正的鼻梁，形成威严的表情。扁平而阔的嘴唇两端常有深涡，显示和蔼的表情。这副相貌，用'温而厉'三个字来描写，大概差不多了。讲桌上放着点名簿、讲义，以及他的教课笔记簿、粉笔。钢琴衣解开着，琴盖开着，谱表摆着，琴头上又放着一只时表，闪闪的金光直射到我们的眼中。黑板（是上下两块可以推动的）上早已清楚地写好本课内所应写的东西（两块都写好，上块盖着下块，用下块时把上块推开）。在这样布置的讲台上，李先生端坐着。坐到上课铃响（后来我们知道他这脾气，上音乐课必早到。故上课铃响时，同学早已到齐），他站起身来，深深地一鞠躬，课就开始了。这样地上课，空气严肃得很。"

　　于是，在学生们敬畏的目光中，李叔同开始了他的第一堂课。

大部分老师要求学生无条件尊重自己，却不给学生提供值得尊重的理由；大部分领导要求员工无条件尊重自己，却不向员工证明自己如何值得尊重。李叔同由里及表地体现了他的庄敬、他的严肃、他的认真，让人不得不敬。

先器识而后文艺

李叔同在杭州的省立师范学校任教时，他宿舍的案头上，常常放着一册《人谱》，该书是明代刘宗周所著，书中列举了自古以来许多贤人的嘉言懿行，共有数百条，在书的封面上，李叔同亲手题写了"身体力行"四个字，每个字旁边还郑重地加了一个红圈。

有一次，他把丰子恺等几个资质不错的学生叫到自己房中，翻开这册《人谱》，指着其中一段给他们看："唐初，王（勃）、杨（炯）、卢（照邻）、骆（宾王）皆以文章有盛名，人皆期许其贵显，裴行俭见之，曰：士之致远者，当先器识而后文艺。勃等虽有文章，而浮躁浅露，岂享爵禄之器耶？"

这段文字是从《唐书·裴行俭传》中节录的，流传并不广，丰子恺等不知老师何意，便静候他发言。

李叔同不善言辞，红着脸，带着一点口吃，把"先器识而后文艺"的意义讲解给学生们听，并且说明，所谓显贵和享爵禄，不可呆板地解释为做官，应该解释为道德高尚、人格伟大。

这就是说，要首重人格修养，次重文艺学习，更具体地说：要做一个好的文艺家，必先做一个好人。一个文艺家，倘若没有器识，无论技术何等精通熟练，亦不足道。

学生们听了这番话，"心里好比新开了一个明窗"，真有"胜读十年书"的感叹。后来,李叔同在出家前夕,把这册《人谱》连同别的书送给了丰子恺。不幸的是,这本书在抗战时被炮火所毁。但老师的话,丰子恺却铭记在心,并引以自励。

多年后,丰子恺先生感慨地说:"这正是李先生文艺观的自述,先器识而后文艺,应使文艺以人传,不可人以文艺传,正是李先生的文艺观。"

🪷 滴水感悟

境界决定眼界。一个人心怀天下,境界便阔大了,立身便高远了,眼前无遮无碍,看问题自然通达透彻,这就有可能把事业做到很高的层次。如果一心琢磨私利,家里的四面墙便屏挡住了所有视线,虽有智力,也不能及远,不过埋没在庸人中罢了。

决定了就义无反顾

李叔同出家前的头一天晚上,与自己的学生话别。一位学生问他:"老师何为而出家?"

李叔同淡然答道:"无所为。"

学生又问:"忍抛骨肉乎?"

李叔沉默片刻,答道:"人事无常,如暴病而死,欲不抛又安可得?"

1918年7月1日,是李叔同斩绝尘缘的日子。那天清晨,他的弟子丰子恺、叶天底、李增庸三人,护送他从浙江省立第一师范学校出发,前往虎跑寺。

在距虎跑寺约半里路的地方,李叔同让众人停下来,不要再送。然后,他打开箱子,取出里面的全套僧装,披上袈裟,穿上草鞋,挑起行李,撇下众人,快步向虎跑寺走去。任凭弟子在后面哭喊,他头也不回。

这就是李叔同的风格:已经决定的事,义无反顾,一去不回头。

滴水感悟

决定了的事，勇往直前，一去不回头，这是一种成大事的素质。佛家强调"勇猛精进"，其意也在于此。但有一个前提：先确立信念，无论结果好坏，都无怨无悔。如果事前把结果想得很好，一去不回头，到时候却懊悔莫及，那就不是信念而是无益的固执，不如及早回头为好。

虔诚拜师

李叔同萌生出家念头时，很服膺印光大师的道风，想拜在大师门下，成为入室弟子。但印光大师了无尘心，曾经发下誓愿：一不做寺院住持，二不收徒，三不募化。尽管李叔同多次上书请求，都遭到印光大师的婉言拒绝。后来，李叔同跪在佛像前，在手臂上燃香祈祷，希望印光大师将自己收列门墙。印光大师为他的诚心感动，这才同意接纳他。但印光大师并未给李叔同取法名，也未给他剃度，只是尽师父的义务，不接受师徒的名分，平时以道友的交谊保持书信往来。

李叔同得到印光大师的允许后，从温州启程，去普陀山谒见印光大师，陪侍七日，每天自晨至昏，一直守候在大师房间，默识大师的一言一行。

几年后，李叔同在叶圣陶、周予同等人的陪同下，又去上海太平寺拜谒印光大师。对这次相会，叶圣陶后来还写了一篇题为《二法师》的文章，进行了详细的记录，他认为两位大师的风格是：一位朴厚如山，另一位清澈似水。

印光大师圆寂后，李叔同曾在泉州福林寺做了题为《略述印光大师之盛德》的演讲，对印光大师备极称道。

李叔同虽然和印光大师只有两面之缘，所受影响却极大。他也像印光大师一样，一不做寺院住持，二不收徒，三不募化。他也像印光大师一样，行踪漂泊不定，到各处寺院随缘居住。生活也同样精严，苦守佛门戒律。很显然，他把印光大师当成了心中的楷模。

🪷 滴水感悟

子张曾向老师孔子请教"善人之道"，孔子说："不践迹，亦不入于室！"意思是，不追随前人的脚步，就很难登堂入室。这就是说，要寻找一个人生导师，学习他，模仿他，最后就可能赶上他，超越他。如果心里没有一个崇拜者，如同前进的道路上没有明灯，自己在黑暗中摸索，能不能找到出路，就很难说了。

以身作则教后学

有一年，李叔同大师到南安灵应寺弘法，并在附近的云方洞小住。这天，他从田野间散步回来，看见几个弃在路边的坏萝卜，就捡起来，洗干净，放了些盐，津津有味地吃掉了。这几个萝卜是云方洞住持慧田扔掉的，他见大师竟将弃物吃掉，不禁惭愧万分，从此再也不乱丢食物了。

泉州有个少年叫黄福海，爱好书法，因倾慕大师，便到寺里拜访。大师欣然接待，悉心指点，并带他同去合影留念。走到街上，只见前面走着个老和尚，大师马上放慢脚步，对黄少年说："这是佛门老前辈，我们不能走在他的前面。"黄少年闻言，被大师的谦逊深深地感动了。

还有一次，黄福海前来拜谒大师，并带了几张宣纸，求法师留下墨宝。大师的习惯是先要调心养息后再写，不会草率动笔的，便让他把宣纸留下。过了几天，大师的侍者把书法送到黄福海家中，还交还一卷大小不等的空白宣纸。侍者见福海一脸疑惑，就说："这是用剩的零碎纸，送还给你。师父说佛门中人应该惜福。"黄福海大为感动。

后来，黄福海投身于抗日事业，从事地下工作，他曾在回忆大师的

160

文章中写道："昔日与佛为邻客，只为隐身报国家。"

大师晚年受疾病困扰，承天寺的小僧田慧，很想把大师接去奉养，以便随时照料，不料，他自己也大病一场。大师随即派人给他送去药丸和香蕉，并告知说："我已老了，你还年轻，有病早治，将来可做佛门栋梁。"田慧感动得热泪盈眶。

大师晚年居住的"晚晴室"院内，有一棵盛开的玉兰，附近一个名叫黄永玉的小孩常来爬树摘花。大师见他聪慧，就常和他谈话，给他讲美术知识和一些欧洲名画家的故事，鼓励他学习绘画。多年后，黄永玉成为著名画家。

❀ 滴水感悟

老子说："江海之所以能为百谷王者，以其善下之。"所谓大师，不是高高在上让人仰望的人，而是春风化雨、润人心田的人，是甘居卑下之地、像大海一样空阔的人。李叔同正是这样的人。

要做就做得彻底

李叔同的学生丰子恺这样评价自己的老师：李先生一生的最大特点是认真。他对于一件事，不做则已，要做就非做得彻底不可。

李叔同一生有多次大变，第一变是由豪门庶子变为上海滩的翩翩公子。丰子恺这样评价："我曾在照片中看见过当时在上海的他：丝绒碗帽，正中缀一方白玉，曲襟背心，花缎袍子，后面挂着胖辫子，底下缀带扎脚管，双梁厚底鞋子，头抬得很高，英俊之气流露于眉目间。真是当时上海一等的翩翩公子。这是最初表示他的特性：凡事认真。他立意要做翩翩公子，就彻底地做一个翩翩公子。"

李叔同的第二变是来到日本留学，他立刻放弃了翩翩公子的态度，认认真真地做起了留学生。丰子恺这样评价："李先生在日本时，是彻头彻尾的一个留学生。我见过他当时的照片：高帽子、硬领、硬袖、燕尾服、史的克、尖头皮鞋，加之长身、高鼻，没有脚的眼镜架在鼻梁上，竟活像一个西洋人。这是第二次表示他的特性：凡事认真。学一样，像一样。要做留学生，就彻底地做一个留学生。"

李叔同的第三变是回国后，当了教员，他由里及表，都像个教员。丰子恺这样评价："这时候，李先生已由留学生变为教师。这一变，变得真彻底：漂亮的洋装不穿了，却换上灰色粗布袍子、黑布马褂、布底鞋子。金丝边眼镜也换了黑的钢丝边眼镜。他是一个修养很深的美术家，所以对于仪表很讲究。虽然布衣，却很称身，常常整洁。他穿布衣，全无穷相，而另具一种朴素的美。你可想见，他是扮过茶花女的，身材生得非常窈窕。穿了布衣，仍是一个美男子。淡妆浓抹总相宜，这诗句原是描写西子的，但拿来形容我们的李先生的仪表，也很适用。今人侈谈生活艺术化，大都好奇立异，非艺术的。李先生的服装，才真可称为生活的艺术化。他着那一时代的服装，表现出那一时代的思想与生活。各时代的思想与生活判然不同，各时代的服装也判然不同。布衣布鞋的李先生，与洋装时代的李先生、曲襟背心时代的李先生，判若三人。这是第三次表示他的特性：认真。"

后来，李叔同又变为弘一居士，变为弘一和尚，他变什么就像什么，好像他生来就该是居士、和尚，没有一分作假。丰子恺最后评价："弘一法师由翩翩公子一变而为留学生，又变而为教师，三变而为道人，四变而为和尚。每做一种人，都做得十分像样。好比全能的优伶：起青衣像个青衣，起老生像个老生，起大面又像个大面，都是认真的缘故。"

❀ 滴水感悟

李叔同一生的成就，多半得益于"认真"二字。而有的人却提倡：做人不必太认真。这就是与成功背道而驰了。

第三章

修身：严于律己，宽以待人

提携与感恩

李叔同当教师时，在学生中，最欣赏的是丰子恺、刘质平等人，尤其对刘质平，更是关怀备至，名为师生，情同父子。李叔同非常看好刘质平的音乐天赋，一心培养他成才，每周要单独为他补课两次，还介绍他到美籍教师鲍乃德夫人处习琴。

刘质平家里很穷，想留学日本，却苦无学费。李叔同替他申请官费奖学金，却未能如愿，于是决定自己资助他出国留学。此时，李叔同的家族事业已然破产，他要靠薪水养活两个妻子及孩子们，想挤出钱来帮助刘质平，还是颇感困难的。但为了弟子的前途，他义无反顾。

后来，李叔同很想出家，但这样一来，他就没了薪水，拿什么资助刘质平呢？所以他决定延迟出家日期，等刘质平学成回国再说，并写信安慰刘质平说："余虽修道念切，然决不忍置君于度外。此款倘可借到，余再入山。如不能借到，余仍就职至君毕业时止，君以后可以安心求学，勿再过虑……"

刘质平不忍心耽误老师的修道，这年夏天回国了，李叔同再无牵挂，随即出家。

刘质平工作后，常以薪金"反哺"老师。而李叔同对自己珍贵的墨宝，也往往赠送给刘质平保存。前后二十余年，刘质平所存墨宝已有上千件，共12箱。

1937年，抗战爆发后，刘质平住在海宁，日军每天狂轰滥炸，形势极其危急。刘质平只好带着恩师的赠品避难。为了保护这些墨宝，刘质平可谓煞费苦心、吃尽苦头。因为无法到外地任职，他一度只能做小贩度日。虽然历尽艰险，总算将恩师墨宝中的精品全保存了下来。他年老后，将这些墨宝全送到北平国立艺专保存。

1980年，北京法源寺举办"弘一大师诞生百周年书法金石音乐展"，其中展出的大量书法作品，多数出于刘质平的藏品。

❀ 滴水感悟

一个乐于助人，另一个懂得报恩，这样的缘分，也是很难得的。有的人乐于助人，若遇到忘恩负义之徒，一片善心，反倒成了助纣为虐；有的人懂得报恩，若到人情冷漠，也难免求告无门。俗语谓："宁舍千金献真佛，不拔一毛插猪身。"这是经验之谈。那么，识人也许跟助人同等重要。

以诚动人

夏丏尊与李叔同在师范学校共事七年，是无话不谈的好朋友。夏丏尊比李叔同小6岁，当时不仅教艺术课，还兼教修身课，并担任舍监的职务，可谓年轻有为。但他却很佩服李叔同。事实上，全校师生以及工役，没有一个不对李叔同肃然起敬的，不仅是因为他的才情，更主要的，是因为他具有极强的人格力量。

有一次，某学生宿舍里发生了财物被窃事件，大家怀疑是某生所为，却没有证据。夏丏尊认为自己管教不力，很是惭愧苦恼，便向李叔同求教良策。没想到，李叔同教给他的办法是：发誓自杀！李叔同说："你肯自杀吗？你若出一张布告，说做贼者速来自首，如三日内无自首者，足见舍监诚信未孚，誓一死以殉教育。果能这样，一定可以感动人，一定会有人来自首。——这话须说得诚实，三日后如没有人自首，真非自杀不可，否则便无效力。"

李叔同说这番话时，完全是"真心的流露，并无虚伪之意"，如果是他自己，肯定会如此实行。但夏丏尊哪敢用自己的生命冒这种风险？只好笑谢不敏。日后，他自愧地说："他的力量，全由诚敬中发出，我只好佩服他，不能学他。"

❧ 滴水感悟

信念经常能爆发不可思议的力量，不仅能激活本身的潜力，有时还能像火种一样，点燃他人心中的信念。大凡杰出的领导者、宗教家、学问家，本身都有极强的信念，因而能调动他人的信念而完成伟业。但信念的力量也有局限性，遇到没有信念的人，佛祖也无能为力，就像用火种点燃石块，无非浪费热量。所以李叔同出的这个主意是很危险的，万一遇到一块冷硬的石头，就此赔上一命，很不值得。

宽以待人

丰子恺于1914年考入浙江省立第一师范学校，他的绘画天赋很快引起了李叔同的注意。有一天晚上，李叔同将他叫到自己宿舍，由衷地说："你的图画进步快，我在南京和杭州两处教课，没有见过像你这样有天赋的人。"同时鼓励他好好学习。丰子恺知道老师一向惜言如金，从不谬赞别人，受此鼓励，精神大振，从此立下了一生奉献艺术的志向。

有天分的人往往有个性，丰子恺也是如此，他可不是一个老实孩子。当时学校有个训育主任，对学生的态度很粗暴，殊少尊重。学生很反感他，却敢怒不敢言。但丰子恺却不信邪，有一次，他跟训育主任因事发生争执，最后竟动起手来。

学生打老师，那还了得！学校当即召开紧急会议，处理此事。在会上，训育主任强烈要求开除丰子恺，别的老师不愿驳他面子，都默不作声。这时，李叔同发言了："学生打先生，是学生不好。但先生也有责任——没把学生教育好。考虑到丰子恺平日遵守校纪无大过错，如开除似太重。而且他是个人才，如开除他，不仅毁了他本人的前途，对国家也是一损失。我意此番记一大过，我带他一道向主任赔礼道歉，不知大家同意否？"

他的话得到了大家的赞同，于是，丰子恺的学籍保住了。

🪷 滴水感悟

学生一般不敢打老师，也不愿打老师。如果学生居然打老师，一定是老师这方出了严重的问题。但这样的话，身为老师的李叔同能说出来，堪称率真。

老师要像老师，学生才会像学生；领导要像领导，员工才像员工。同样的道理，自己要有人样，别人才讲人情。自己做得不像样，要求别人像模像样是不可能的。

自知心是佛

李叔同的修行生活极其俭朴，他还常常现身说法，教学僧们遵守戒律，不要贪图世俗的享乐。他在南普陀时，每月朔、望，各为寺中僧众诵戒一次，要求他们在吃、住上力修"头陀行"（苦行）。有一次，他对僧众们说："诸位请看我脚上穿的一双黄鞋子，还是民国九年在杭州的时候，一位打念佛七的出家人送给我的。如诸位有空，可以到我房间里看看，我的棉被面子，还是出家以前所用的；又有一把洋伞，也是民国初年买的。这些东西，即使有破烂的地方，请人用针线缝缝，仍旧同新的一样了。简直可尽我形寿受用着哩！又如吃东西，只生病时候吃一些好的，除此以外，从不敢随便乱买好的东西吃。"

他的弟子刘质平曾在一篇回忆文章中说："先师入山初期，学头陀苦行，僧衲简朴，赤脚草履，不识者不知其为高僧也。中期身体较弱，衣服稍稍留意。晚年身体更弱，乃命余代制骆驼毛袄裤，以御寒冷。先师所用僧服，大都由余供奉。尺寸函开示，照单裁制。回忆先师五十诞辰时，余细数其蚊帐破洞，有用布补，有用纸糊，坚请更换不许。入闽后，以破旧不堪再用，始函命在沪三友实业社，另购透风纱帐替代。为僧二十五载，所穿僧服，寥寥数套而已。"

李叔同的佛门弟子瑞今长期追随大师左右，对大师的生活情景历历在目，记述更详："我在闽南亲近弘一大师所观察到的一言一行，都是值得我们做榜样的。大师于日间自订有阅读、讲律和礼诵等常课，绝不浪费时间。到了天将薄暮，则持珠念佛，经行散步；入晚即就寝，绝少点灯，颇有古德（怜蛾不点灯）的遗风。律中规定，穿不过三衣，食不逾午时，他都严守不越，这是所以戒贪奢之妄念。修律行者，只限穿三衣，不许过量。律制规定五条为衬体衣，六条为杂作衣，九条以上为聚会说法衣，都割裂为长短形的条文，用以缝缀而成，很像水田，所以又名水田衣或福田衣。

"弘一大师所著之衣，虽不能如佛制所规定的形状，但衣着无过三件，即使严冬亦是如此。如升座说法，即披七衣，平常集会开示，则穿海青（即广袖的僧衣），有人送他夹衫厚袄，皆转赠别人。他自披剃以后，虽未能如律中规定的烦琐条文而逐一奉行，但其日常生活衣食住行之俭约与克制，已足为教内持律的模范。马一浮居士挽他的诗有句云：'自知心是佛，常以戒为师'，他是当之无愧的。"

🪷 滴水感悟

摆脱贪欲的束缚，追求精神的绝对自由，是佛家的基本精神。所以僧人不能贪图生活享受，否则就不是真正的僧人。李叔同二十年如一日，把生活享受压缩到了最低限度，凭此修为，便不愧高僧之名。

常以戒为师

律宗是讲究戒律的，一举一动，都有规律。自宋以后，数百年传统断绝，直到李叔同方才复兴。

出家人首重五戒，即不杀生、不偷盗、不邪淫、不妄语、不饮酒。李叔同的生活极为认真，他的守戒，几乎到了让人瞠目的地步。以不杀生为例，他对生命的重视达到了无以复加的程度。有一次，丰子恺请他到自己家中小坐，他先把藤椅摇一摇，然后慢慢坐下去。丰子恺忍不住问他为什么，大师答道："椅子藤条间，或有小虫伏着，突然坐下，要把它们压死。先摇一摇，以便走避。"

还有一次，李叔同的居处鼠害为患，于是写信托弟子刘质平到上海先施公司购买西式捕鼠器一件，但特别交代，"必须不伤害鼠命者乃购之，否则不购。如无者，乞于便中至上海城隍庙购铁丝编成长方形之捕鼠器亦可（此物决不伤鼠命，但不甚灵验耳）"。

李叔同大师圆寂前，在遗嘱中特别交代，自己死后，遗体装入龛内时，龛的四只脚要垫在小碗内，盛满清水，以免蚂蚁闻到气味爬上去，到时火化遗体，使这些小生灵遭受无妄之灾。大师到生命的最后时刻还不忘守戒，其心志可谓坚矣！

李叔同守盗戒，更是达到精微的程度。

他在文章中说：在社会上办事的人，要不犯盗戒，是最不容易的。例如，与人合买地皮房产，与人合资做生意，在报税纳捐时，就未免有以多数报少数的事发生。因为数人合伙，你若实报，则人以为愚，或为股东所反对。这种情形是常常难免发生的。又有不知而犯，或明知故犯的事，也常有发生。如信中夹附钞票，或将手写函件取巧掩藏，当作印刷品邮寄，这些都是犯了盗窃之罪。非但在银钱出入上要严净其心，就是微细而至于一草一木、寸纸尺线，也必须先向物主明白请求，得到允许，而后可以取用。否则，就都有不与而取的心迹，都犯了盗取盗用的行为，都是犯盗罪。

常人在大节上还不太容易犯盗戒，但很容易忽略细节，因此，他常对学僧们谆谆劝诫，或口头开示，或书面劝告，不厌其烦。他自己更是以身作则，注重每一个细节。

有一次，丰子恺寄给他一卷宣纸，请他写佛号。宣纸多了些，他就写信问：余多的宣纸如何处置？又有一次，丰子恺给他写信时，随信寄了回件邮票，多了几分。他又把多的几分重新寄还给丰子恺。从常理上来说，丰子恺多寄一些给他，自然是让他随意处置，但他认为，没有说明，这些纸、邮票的所有权模糊，他就非问明白不可，否则就犯了盗戒。所以，丰子恺后来给他寄纸或邮票，都要预先声明："余多的送与法师。"

李叔同去杭州弘法时，路过温州庆福寺，顺便借了一副碗筷在路上用。到杭州后，他就托人将所借碗筷带还给庆福寺。他认为，碗筷虽是微细之物，但属于庆福寺所有，自己不应"盗窃"。

他从鼓浪屿日光岩移居厦门南普陀时，将自己所养的水仙花头起出带去，养花的器皿则交还寺院，一丝不"盗"未尝损失。

李叔同的守戒，有时到了迂腐的地步。有一次，杭州某名人三番五次相邀，李叔同难以拒绝，只得答应一见。在西湖边的素餐馆子里，主人备办了满桌盛馔。当陪客一一到齐时，已是下午一点。主人殷勤相请，众人举箸夹菜，只有李叔同不动碗筷。主人问他为何不吃，他淡淡地说："我是奉律宗的，过午不食，各位居士请自便。"结果，他枵腹终日，未尝一食。

🪷 滴水感悟

遵守戒律，便是修习佛法。李叔同在"末法时代"还能一丝不苟地守戒，其精神难能可贵。

第四章

气节：有格品自高

念佛不忘救国

　　1937年7月，抗日战争全面爆发，青岛作为军事要地，形势非常危急。李叔同大师当时正在青岛湛山寺弘法，值此国家存亡之际，他以拳拳赤子之心，提出了"念佛不忘报国，救国不忘念佛"的口号。大师的俗家弟子蔡丏因来信，恳请他速速离开青岛，返回上海。大师回信言："惠书诵悉，厚情至为感谢，朽人前已决定中秋节他往，如果今因国难离去，将蒙极大讥嫌，因此青岛虽发生大战，亦不愿退避，诸乞谅之……"又大书"殉教"二字，并作跋："……值倭寇之警，为护佛门而舍身命，大义所在，何可辞那？"

　　两个月后，他才告别湛山寺诸僧，来到上海，但过了不久，又打算前往正面临战火威胁的厦门。他的好友、弟子纷纷劝阻，但他不为所动，毅然来到厦门。这时候，厦门已是山雨欲来风满楼，形势极为危急。各界人士纷纷劝请大师赴内地躲避战火，但大师坦然道："为护法故，甘愿不怕炮弹！"他还在禅房门前悬挂横额"殉教堂"，表示自己的决心。他每天研经讲律，弘法如故，不将生死之事放在心上。他在致夏丏尊的信中说："我决定住在厦门，在战乱中，与寺院共存亡！如果要我离开厦门，除非厦门平静，再往他处！"又在致其他友人的信中说："时事未平静前，仍居厦门，倘值变乱，愿以身殉。古人诗云：'莫嫌老圃秋容淡，犹有黄花晚节香！做一个出家人，对生死当不容怀恋！'"又说："吾人一生之中，晚节最为要紧。愿与仁者共勉之。"

　　后来，厦门局势渐趋平稳，他才移居中岩，静修讲律。

个人的命运总是与国家的命运紧密相连，爱国不只是一句空泛的口号而已。能真切体会到这一点的人，也堪称智者了。

不用外国货

李叔同为何出家，大家做出了很多猜测，但很少有人将这件事跟爱国联系起来。他出家前后，国内国际发生了许多大事：第一次世界大战爆发，日本提出"二十一条"，袁世凯称帝，粤桂战争、湘鄂战争、直奉战争，可谓到处乌烟瘴气。屈原因楚国亡而沉江，李叔同的出家，是否与国家山河破碎有关呢？

李叔同的爱国精神是有口皆碑的，他很年轻时，就创作了深情洋溢的《祖国歌》。他留学回国后，正值外国大肆对中国实行经济侵略的时期，国内有识者纷纷发起抵制美货、抵制日货、劝用国货等运动。李叔同不尚空言，说干就干，用实际行动表达自己的思想。他脱掉洋服，换上了一身布衣：灰色云章布袍子，黑布马褂，都是纯正的国货。他连系裤的宽紧带也不用，因为当时宽紧带是外国货。照说宽紧带系在里面，外面是看不见的，即使系了别人也不知道。但他说不用就是不用。可见他的抵制洋货做得是多么彻底，只求问心无愧，不是做给别人看的。

李叔同出家后，学生黄炎培送了他一些做僧装用的粗布，又见他用麻绳束袜子，便买了一些宽紧带送他。他接受了粗布，把宽紧带退还，说道："这是外国货。"

黄炎培解释说："这是国货，我们已经能够自造了。"

李叔同这才欣然接受。

还有一次，李叔同托黄炎培买些英国制的朱砂，信上还特别说明："此虽洋货，但为宗教文化，不妨采用。"因为当时英国水彩颜料在全

173

世界为最佳，永不褪色。他只是为了写经文佛号，才破例用外国货。

这说明，李叔同虽然出家，他心底的爱国之火并没有熄灭。

美学家朱光潜曾称赞李叔同说："以出世的态度做人，以入世的态度做事。"此语堪称恰当。

❀ 滴水感悟

一个人的行为是微不足道的，但如果大家都这样想，事情就不妙了。如果每个人都像李叔同一样，无论别人如何，先管好自己，一个和谐的世界很快就会出现在大家面前。

人格的力量

李叔同出家后，其嘉言懿行令人感动，很多人就是因为受他的人格力量感召，从此皈依佛门。

1921年，他来到温州庆福寺，闭关静修，并拜该寺住持寂山长老为师。寂山长老见他身体单薄瘦弱，便派一个青年居士照顾他的起居。那青年在他身边耳濡目染，受到感化，最后决定出家。于是，寂山长老为他剃度出家，取法号"因弘"。

1924年，李叔同大师去杭州时，因为江浙军阀混战，被阻于宁波。当时，他的俗家好友夏丏尊正在宁波四中任教，听说他的消息，便把他接到上虞白马湖小住。大师从行李中取出一条陈旧不堪的毛巾，到湖边洗脸。夏丏尊见状，有点心疼，想给他换条新毛巾，他坚决不肯。在上虞小住期间，大师仍坚守过午不食的戒律，而且每天只吃青菜和萝卜。如此粗疏的饭食，他却吃得津津有味，好似在享用山珍海味。此情此景，观者无不感动。有个中学教师蔡丏因，知道大师年轻时过惯奢华生活，现在竟简朴至此，不禁大感敬佩。所以，当大师离开上虞时，他决定皈依佛教，从此追随大师终生。

李叔同的弟子丰子恺，起初对老师出家不以为然，后来也皈依了佛教。因为他发现老师出家后，心境更开阔、做人更洒脱了。大师虽身在佛门，却无门户之见，对别的宗教也不排斥。有一次，他在丰子恺家，看到书架上有一本《理想中人》，作者是基督徒谢颂羔。大师认为这本书写得很好，当即写了一幅"慈良清直"，请子恺转赠谢颂羔，并约请一晤。此事让丰子恺大感意外。

随着时日推移，丰子恺久受恩师熏染，逐渐对佛教有了较深的体悟，便向恩师请求皈依佛门。大师欣然一笑道："你的因缘开始成熟了。"1927年，大师亲自为丰子恺举行了皈依仪式，并为他取法号"婴行"。

大师出家二十余年，受他感召而皈依佛门者不计其数。例如，他1938年在漳州弘法时，先后皈依者数十人。随后到晋江演讲，听众达六七百人，其中多人皈依了佛门。他在惠安讲律十七次，听众近千，其中42人皈依了佛门。从弘扬佛法的角度来看，李叔同功莫大焉。

❀ 滴水感悟

"摄化众生"有一个前提，必须具备杰出的人格魅力。假设一个疯子讲出老子、孔子一样精妙的理论，别人会觉得这不过是疯言疯语；假设一个乞丐讲出世上最好的致富秘诀，别人会认为这不过是迅速破产的方法。李叔同善能"摄化众生"，足见其有很强的人格魅力。

平等待众生

李叔同大师每到一处弘法，善男信女往往蜂拥而至，冀望一睹他的尊颜，一听他的纶音。也有许多非佛徒赶来，想一观他的风采。其中也有许多著名人士，著名文学家郁达夫南游福建时，特地请广洽法师陪同，到日光岩谒见李叔同大师。

在前来观瞻者中，更多的当然是普通人。大师对他们一视同仁，但他的弟子们境界不同，有时难免生出分别心。有一个小学校长，名叫庄连福，是一位基督教徒，听说弘一在净峰山上的净峰寺里演讲，就邀请传教士陈连枝一起上山拜访。不料刚进山门，就被随侍大师的传贯法师拦住。传贯以宗教信仰各异为由，不许他们拜见。庄连福和陈连枝怏怏而去。

第二天上午，庄连福正在给学生讲课，忽然发现传贯法师跪在教室门外，不禁大吃一惊，急忙走过去，扶起来一问，原来李叔同大师知道了昨天的事后，认为传贯以差别心接人，很是不对，因而要传贯前来赔礼道歉。

大师还赠给庄连福一本《华严经》和四幅书法条幅。庄连福非常感动，此后，他经常上山聆听大师说法。

❀ 滴水感悟

佛祖曾说："一切世间法，皆是佛法。"李叔同是以"平等无差别"之心看待世间一切人、一切学问。他的侍者因为对方信仰不同而将其拒之门外，明显起了"差别心"，该罚。

以身护佛

1927年春，国民革命军举行的北伐战争已进入尾声，江浙一带已为国民革命军控制。一些过激分子认为佛教乃是旧事物，应该废除，并提出毁佛像、拆寺庙等多种灭佛毁僧的举措。佛教界人士哪有力量跟这些握有武装的新贵抗争？一个个束手无策，慌作一团。在此紧急关头，李叔同大师挺身而出，护持三宝。他将那些提倡灭佛毁僧的领头者请到寺庙，举行谈判，其中也有他过去的学生。

谈判前，大师写了一批劝诫的书法作品，每人赠送一幅。大家都知道，大师的墨宝很珍贵，获赠后，一个个欣喜不已。接下来，大师婉言相劝，说得他们一个个心悦诚服。于是，这场佛门大灾消于无形。

❧ 滴水感悟

中国历史上曾发生多次"灭佛"事件，几乎都与僧团的腐化有关。当僧人中挤满了趋名逐利之徒，与其让它继续蛊惑人心，不如毁掉它。但如果佛教界有李叔同这样的高僧，它也就有了存在的理由。

遗嘱展现的高风亮节

李叔同晚年身体欠佳，预感时日无多，遂决定委托弟子刘质平料理自己的身后事，并写下遗嘱：

刘质平居士披阅：

余命终后，凡追悼会、建塔及其他纪念之事，皆不可做。因此种事与余无益，反失福也。

倘欲做一事业与余为纪念者，乞将《四分律比丘戒相表记》印二千册。

以一千册交佛学书局（闸北新民路国庆路口，即居士林旁）流通，每册经手流通费五分，此资即赠与书局。请书局于《半月刊》中登广告。

以五百册赠与上海北四川路底内山书店存贮，以后赠与日本诸居士。

以五百册分赠同人。

此书印资，请质平居上募集，并作跋语附印书后，仍由中华书局石印（乞与印刷主任徐耀塑居士接洽，一切照前式，惟装订改良）。

（此书原稿，存在穆藕初居士处）乞托徐耀暂往借。

此书系为余出家以后最大之著作，故宜流通以为纪念也。

弘一书（一九三六年，厦门）

🪷 滴水感悟

李叔同生前积极弘扬佛法，对身后事的安排，仍然是弘扬佛法。可见他确实爱上了佛法。而事实上，佛法也确实可爱。自唐朝以至民国的大师们，鲜有不懂佛法者，他们从佛法中汲取的营养，也许超过其他任何经典。

附录

李叔同年表

1880年　清光绪六年·庚辰

10月23日（农历九月二十日）生于天津，籍贯浙江平湖。父为李筱楼，清同治四年（1865年）进士，母为王凤玲，家中行三。取名文涛，字叔同，乳名成蹊。

1884年　清光绪十年·甲申

父李筱楼病故，卒年72岁，学法上人率众僧念《金刚经》助其往生。

1885年　清光绪十一年·乙酉

随仲兄文熙受启蒙教育。

1886年　清光绪十二年·丙戌

日课《百孝图》《返性篇》《格言联璧》《文选》等。

1887年　清光绪十三年·丁亥

习诵《名贤集》。又从常云庄受业，读《孝经》《毛诗》等。此后又读过《唐诗》《千家诗》《古文观止》等。13岁学篆，15岁有"人生犹似西山日，富贵终如草上霜"等诗句吟诵。

1896年　清光绪二十二年·丙申

从天津名士赵幼梅处学诗词，兼习辞赋、八股。又从唐敬岩学篆隶刻石。与天津名士时有交游，爱好戏剧。

1897年　清光绪二十三年·丁酉

与天津茶商俞家之女成婚，俞氏长叔同两岁。以童生资格应天津县儒学考试，学名李文涛，未第。

1898年　清光绪二十四年·戊戌

清光绪采纳康梁维新主张，颁《定国是诏》。李叔同刻"南海康君是吾师"印章，被疑为康梁同党，奉母携眷迁居上海，赁居法租界卜邻里。加入"城南文社"，曾以《拟宋玉小言赋》，名列文社月会第一。

刊《李叔同先生印存》一书，收作品139方。

1899年　清光绪二十五年·己亥

"城南文社"许幻园慕其才，邀请其入住"城南草堂"。是年与袁希濂、许幻园、蔡小香、张小楼结为"金兰之谊"，号称"天涯五友"，曾合影留念。

是年得清纪晓岚所藏"汉甘林瓦砚"，便广征名士题辞，并印成《汉甘林瓦砚题辞》二卷。

1900年　清光绪二十六年·庚子

正月，作《二十自述诗序》。春，与书画名家组织海上书画公会，任伯年、朱梦庐等皆为会员，每周出《书画报》一纸。

11月10日（农历九月十九日），子李准生，作《老少年曲》自勉。

1901年　清光绪二十七年·辛丑

回天津，文熙逃难河南，未曾一见。后回上海，整理途中见闻与感受，写成《辛丑北征泪墨》，于5月在上海出版。

秋，入上海南洋公学特班，受业于蔡元培。

与诗妓李苹香、歌妓朱慧百、歌郎金娃娃等人风月往来。

1902年　清光绪二十八年·壬寅

因南洋公学事件离校，以平湖县监生资格，报考庚子、辛丑恩正并科乡试，未第。

1903年　清光绪二十九年·癸卯

与尤惜阴居士同任上海圣约翰大学国文教授。不久去职。

翻译出版《法学门径书》《国际私法》。

1904年　清光绪三十年·甲辰

常与歌郎、艺妓等艺事往还。

加入上海组织"沪学会"，提倡尚武精神，宣传移风易俗。

次子李端出生。

1905年　清光绪三十一年·乙巳

为沪学会作《祖国歌》等歌，出版《国学唱歌集》。

母王氏病逝，携眷扶柩回津。秋，东渡日本留学。去国前作《金缕曲》。

留日学生高天梅主编《醒狮》杂志，李叔同为之设计封面，并撰稿。

1906年　清光绪三十二年·丙午

独立创办《音乐小杂志》，此乃中国第一份音乐杂志。

入东京美术学校油画科，同时又于校外从上真行勇学音乐、戏剧。并与一名日本女子雪子相恋。初名李哀，后改名为李岸。

与学友一起创办"春柳社"，此乃中国第一个话剧团体。

1907年　清光绪三十三年·丁未

"春柳社"演出《茶花女遗事》，李叔同扮演茶花女玛格丽特。

后又演出《黑奴吁天录》等剧。

1911年　清宣统三年·辛亥

以优异成绩毕业于东京美术学校。携日籍夫人归国，将夫人安置于上海法租界公寓，后回天津。曾任天津直隶模范工业学堂等校图画教师。

是年李家破产。

1912年　民国元年·壬子

返上海。任教于城东女学，教授国文。

加入"南社"，并担任《太平洋报》主编之职，组织文美会，且主编《文美杂志》。

辛亥革命成功，李叔同填词《满江红》。

《太平洋报》倒闭之后，受经亨颐之请，任浙江省两级师范学校图画、音乐教师。

1913年　民国二年·癸丑

浙江省两级师范学校改名为浙江省立第一师范学校。

编《白阳》杂志，《春游三部曲》《欧洲文学之概观》《西洋乐器种类概说》《石膏模型用法》等作品均署名"息霜"载于是刊。

1914年　民国三年·甲寅

加入西泠印社，课余集合经亨颐、夏丏尊等组织成立"乐石社"，被选为第一任社长，从事金石研究与创作。

1915年　民国四年·乙卯

在浙江省立第一师范学校任教时，兼任南京高等师范学校图画音乐教员。

于南京组织"宁社"，倡导书画艺术。

撰《乐石社社友小传》，并作《乐石社记》，自署"当湖人"。

暑期曾与日籍夫人赴日避暑。

1916年　民国五年·丙辰

于虎跑寺断食3个星期，并写有《断食日志》。

1917年　民国六年·丁巳

于下半年发心食素，并请《普贤行愿品》《楞严经》及《大乘起信论》等多种佛经研读。

1918年　民国七年·戊午

正月间，赴虎跑寺习静。正月十五日，于了悟法师座下剃度，法名演音，号弘一法师。

农历九月至灵隐寺受戒。受戒后，赴嘉兴精严寺小住。

年底应马一浮之召至杭州海潮寺。

1919年　民国八年·己未

小住杭州艮山门外井亭庵,不久移居玉泉寺。夏居虎跑寺。秋至灵隐寺,与程中和、吴建东居士共燃臂香,依天亲菩萨《菩提心论》发十大正愿。

1920年　民国九年·庚申

春,居玉泉寺。《印光法师文钞》出版,作《印光法师文钞题辞并序》。

夏,赴浙江新城闭关。中秋后移居浙江衢州莲花寺,手装《佛说大乘戒经》《十善业道经》等,并有题记。校定《菩萨戒本》。

1921年　民国十年·辛酉

春,自杭州赴温州,居庆福寺,撰"谢客启",掩关治律。夏,所编《四分律比丘戒相表记》初稿完成。

1922年　民国十一年·壬戌

居于庆福寺,患痢疾,托后事,而后奇迹般病愈。

1923年　民国十二年·癸亥

春,至上海,与尤惜阴居士合撰《印造佛像之功德》。曾居太平寺,题元魏昙鸾《往生论注》,并录印光大师法语于卷端。

夏,为杭州西泠印社书《弥陀经》一卷,该社将其刻于石幢。夏赴杭州灵隐寺听慧明大师讲《楞严经》。

1924年　民国十三年·甲子

由衢州莲华寺移居三藏寺。不久,取道松阳、青田抵温州。

《四分律比丘戒相表记》完稿。

1925年　民国十四年·乙丑

至宁波，挂单七塔寺。应夏丏尊之请至上虞白马湖小住，不久返温州。

1926年　民国十五年·丙寅

正月，俞氏病故，文熙来信嘱返津，因故未能成行。

由永嘉至杭州，到上海，再到庐山。在庐山时，写《华严经十回向品·初回向章》，太虚大师推为近数十年来僧人写经之冠。

1927年　民国十六年·丁卯

闭关于杭州云居山常寂光寺，平定灭佛之事。

1928年　民国十七年·戊辰

春夏之间，在温州。秋至上海与丰子恺、李圆净具体商量编《护生画集》。冬，刘质平、夏丏尊、丰子恺、经亨颐等共同集资，发起在白马湖筑屋，供大师居祝冬赴闽南。

1929年　民国十八年·己巳

正月，自南安小雪峰至厦门南普陀寺，居闽南佛学院，参与整顿学院教育。春，返温州，秋在白马湖"晚晴山房"小住，冬月重至厦门、南安，与太虚大师在小雪峰度岁，并合作《三宝歌》。

《护生画集》由上海开明书店出版。50幅由丰子恺所绘的护生画皆由大师配诗并题写。

夏丏尊以所藏大师在俗时所临各种碑帖出版，名《李息翁临古法书》。

1930年　民国十九年·庚午

自小雪峰至泉州承天寺。赴温州，后至白马湖。秋赴慈溪金仙寺讲律。冬月赴温州庆福寺。时人称大师孤云野鹤，弘法四方。

1931年　民国二十年·辛未

春，自温州过宁波，旋赴白马湖横塘镇法界寺。发愿弃舍有部律，专学南山，从此由新律家变为旧律家。

夏，亦幻法师发起创办"南山律学院"，请大师住持于五磊寺，后因与寺主意见未洽，遂离去。

秋，广洽法师函邀大师赴厦门。在金仙寺作《清凉歌》。

1932年　民国二十一年·壬申

于镇海龙山伏龙寺为刘质平作书法，年底抵厦门，住山边岩，讲授《人生之最后》于妙释寺。

1933年　民国二十二年·癸酉

于妙释寺讲《改过经验谈》，在万寿岩讲《随机羯磨》，重编蕅益大师警训为《寒笳集》。

于开元寺圈点《南山钞记》，在承天寺讲《常随佛学》。

1934年　民国二十三年·甲戌

元旦，在泉州草庵讲《含注戒本》。正月廿一日讲《祭顗愚大师爪发衣钵塔文》《德林座右铭》。此年撰述丰厚，有《记厦门贫儿舍资请宋藏事》《地藏菩萨本愿经说要序》《随机羯磨疏跋》《四分律随机羯磨题记》《一梦漫言跋》《庄闲女居士手书法华经序》《见月律师年谱撷要并跋》《一梦漫言序》《缁门崇行录选录序》等。

在南普陀寺创办佛教养正院。

1935年 民国二十四年·乙亥

正月在万寿岩撰《净宗问辨》。后至泉州开元寺讲《一梦漫言》。初夏抵净峰寺。年底回泉州承天寺讲律。

1936年 民国二十五年·丙子

元旦，卧病草庵。春，自草庵至厦门就诊，数月方愈。其间于佛教养正院抱病讲《青年佛徒应注意的四项》。

病愈之后，于鼓浪屿日光岩闭关。郁达夫来访，随后回南普陀寺后山安居。

手书《乙亥惠安弘法日记》《壬丙南闽弘法略志》等。《清凉歌集》由上海开明书店出版。

1937年 民国二十六年·丁丑

在佛教养正院讲《随机羯磨》，又讲《南闽十年之梦影》及《出家人与书法》。为厦门市第一届运动会作会歌。赴青岛湛山寺讲律。后返厦门，岁末赴泉州草庵。

1938年 民国二十七年·戊寅

先后在泉州、惠安及厦门等地讲经。

1939年 民国二十八年·己卯

入蓬壶毗峰普济寺闭门静修。

澳门《觉音》月刊和上海《佛学》半月刊均出版"弘一法师六秩纪念专刊"。

秋末，为《续护生画集》题字并作跋。

1940年　民国二十九年·庚辰

《续护生画集》印行。

闭关永春蓬山，谢绝一切往来，专事著述。

秋，应请赴南安灵应寺弘法。

1941年　民国三十年·辛巳

离灵应寺赴晋江福林寺结夏安居，并讲《律钞宗要》，编《律钞宗要随讲别录》。

冬，入泉州百原寺小住，后移居开元寺。岁末返福林寺度岁。

1942年　民国三十一年·壬午

赴灵瑞山、泉州等地讲经。后居温陵养老院，为寿山法师教演剃度仪轨，中秋节当晚，回开元寺尊胜院讲《八大人觉经》，翌日于温陵养老院讲《净土法要》。

10月2日下午身体发热，渐示微疾。10月7日唤妙莲法师写遗嘱。

10月10日下午写下绝笔"悲欣交集"4字交妙莲法师。13日晚8时安详西逝，圆寂于温陵养老院。

李叔同经典诗文选

清平乐·赠许幻园

城南小住，情适闲居赋。文采风流合倾慕，闭户著书自足。

阳春常驻山家，金樽酒进胡麻。篱畔菊花未老，岭头又放梅花。

和宋贞题〈城南草堂图〉原韵

门外风花各自春，空中楼阁画中身。

而今得结烟霞侣，休管人生幻与真。

【作者原注】

庚子初夏，余寄居草堂。得与幻园晨夕聚首。"曩幻园于丁酉冬，作《二十自述诗》，张蒲友孝廉为题词云：无真非幻，无幻非真。"可谓深知幻园者矣。

老少年曲

梧桐树，西风黄叶飘，夕日疏林杪。花事匆匆，零落凭谁吊？朱颜镜里凋，白发愁边绕。一霎光阴，底是催人老，有千金，也难买韶华好。

二十自述诗序

堕地苦晚，又撄尘劳。木替花荣，驹隙一瞬。俯仰之间，岁巳弱

190

冠。回思曩事，恍如昨晨。欣戚无端，抑郁谁语？爰托毫素，取志遗踪。
旅邸寒灯，光仅如豆。成之一夕，不事雕劖。言属心声，乃多哀怨。
江关庾信，花鸟徐陵。为溯前贤，益增惭恧！凡属知我，庶几谅予。

七月七夕在谢秋云妆阁有感诗以谢之

　　风风雨雨忆前尘，惘然欢场色相因。
　　十日黄花愁见影，一弯眉月懒窥人。
　　冰蚕丝尽心先死，故国天寒梦不春。
　　眼界大千皆泪海，为谁惆怅为谁颦！

赠语心楼主人

　　天末斜阳淡不红，虾蟆陵下几秋风。
　　将军已死圆圆老，都在书生倦眼中。
　　道左朱门谁痛哭，庭前枯木已成围。
　　只今憔悴江南日，不似当年金缕衣。

菩萨蛮·忆杨翠喜

燕支山上花如雪，燕支山下人如月。额发翠云铺，眉弯淡欲无。
夕阳微雨后，叶底秋痕瘦。生小怕言愁，言愁不耐羞。
　　晚风无力垂杨懒，情长忘却游丝短。酒醒月痕低，江南杜宇啼。
痴魂销一捻，愿化穿花蝶。帘外隔花荫，朝朝香梦沈。

为老妓高翠娥作

　　残山剩水可怜宵，慢把琴樽慰寂寥。
　　顿老琵琶妥娘曲，红楼暮雨梦南朝。

夜泊塘沽

杜宇声声归去好，天涯何处无芳草。

春来春去奈愁何，流光一霎催人老。

新鬼故鬼鸣喧哗，野火燐燐树影遮。

月似解人离别苦，清光减作一钩斜。

遇风愁不成寐

到津次夜，大风怒吼，金铁皆鸣，愁不成寐。

世界鱼龙混，天心何不平？

岂因时事感，偏作怒号声。

烛尽难寻梦，春寒况五更。

马嘶残月坠，笳鼓万军营。

感时

杜宇啼残故国愁，虚名况敢望千秋。

男儿若论收场好，不是将军也断头。

津门清明

一杯浊酒过清明，觞断樽前百感生。

辜负江南好风景，杏花时节在边城。

赠津中同人

千秋功罪公评在，我本红羊劫外身。

自分聪明原有限，羞将事后论旁人。

轮中枕上闻歌口占

子夜新声碧玉环，可怜肠断念家山。
劝君莫把愁颜破，西望长安人未还。

西江月·宿塘沽旅馆

残漏惊人梦里，孤灯对影成双。前尘渺渺几思量，只道人归是谎。
谁说春宵苦短，算来竟比年长。海风吹起夜潮狂，怎把新愁吹涨？

登轮感赋

感慨沧桑变，天边极目时。
晚帆轻似箭，落日大如箕。
风卷旌旗走，野平车马驰。
河山悲故国，不禁泪双垂。

金缕曲·赠歌郎金娃娃

秋老江南矣。忒匆匆、春余梦影，樽前眉底。陶写中年丝竹耳，
走马胭脂队里。怎到眼都成余子。片玉昆山神朗朗，紫樱桃，慢把红
情系。愁万斛，来收起。

泥他粉墨登场地。领略那、英雄气宇，秋娘情味。雏凤声清清几许，
销尽填胸荡气。笑我亦布衣而已。奔走天涯无一事，问何如声色将情寄。
休怒骂，且游戏。

书愤

文采风流上座倾，眼中竖子遂成名！
某山某水留奇迹，一草一花是爱根。
休矣著书俟赤乌，悄然挥扇避青蝇。
众生何用干霄哭，隐隐朝廷有笑声。

春风

春风几日落红堆，明镜明朝白发摧。
一颗头颅一杯酒，南山猿鹤北山莱。
秋娘颜色娇欲语，小雅文章凄以哀。
昨夜梦游王母国，夕阳如血染楼台。

昨夜

昨夜星辰人倚楼，中原咫尺山河浮。
沈沈万绿寂不语，梨花一枝红小秋。

重游小兰亭口占

重游小兰亭，风景依稀，心绪殊恶，口占二十八字题壁，时九月望前一日也。

一夜西风蓦地寒，吹将黄叶上栏干。
春来秋去忙如许，未到晨钟梦已阑。

醉时

醉时歌哭醒时迷，甚矣吾衰慨凤兮。

帝子祠前春草绿，天津桥上杜鹃啼。

空梁落月窥华发，无主行人唱大堤。

梦里家山渺何处，沈沈风雨暮天西。

初梦

鸡犬无声天地死，风景不殊山河非。

妙莲华开大尺五，弥勒松高腰十围。

恩仇恩仇若相忘，翠羽明珠绣柄裯。

隔断红尘三万里，先生自号水仙王。

帘衣

帘衣一桁晚风轻，艳艳银灯到眼明。

薄悻吴儿心本石，红衫娘子唤花名。

秋于凉雨燕支瘦，春人离弦断续声。

后日相思渺何许，芙蓉开老石家城。

高阳台·忆金娃娃

十日沈愁，一声杜宇，相思啼上花梢。春隔天涯，剧怜好梦迢遥。前溪芳草经年绿，只风情，辜负良宵。最难抛、门巷依依，暮雨潇潇。

而今未改双媚妩，只江南春老，谢了樱桃。忒然迷离，匆匆已过花朝。游丝苦挽行人驻，奈东风，冷到溪桥。镇无聊，记取离愁，吹彻琼箫。

戏赠蔡小香四绝

眉间愁语烛边情，素手挼挼一握盈。

艳福者般真羡煞，侍人个个唤先生。

云髻蓬松粉薄施，看来西子捧心时。
自从一病恹恹后，瘦了春山几道眉。

轻减腰围比柳姿，刘桢平视故迟迟。
伴羞半吐丁香舌，一段浓芳是口脂。

愿将天上长生药，医尽人间短命花。
自是中郎精妙术，大名传遍沪江涯。

南浦月·将北行矣，留别海上同人

杨柳无情，丝丝化作愁千缕。惺忪如许，萦起心头绪。
谁道销魂，尽是无凭据。离亭外，一帆风雨，只有人归去。

天韵阁席上得句赠苹香

沧海狂澜聒地流，新声怕听四弦秋。
如何十里章台路，只有花枝不解愁。

最高楼上月初斜，惨绿愁红掩映遮。
我欲当筵拼一哭，哪堪重听《后庭花》。

残山剩水说南朝，黄浦东风夜卷潮。
《河满》一声惊掩面，可怜肠断玉人箫。

和补园赠天韵阁主人无韵

慢将别恨怨离居，一幅新愁和泪书。

梦醒扬州狂杜牧，风尘辜负女相如。

马缨一树个侬家，窗外珠帘映碧纱。

解道伤心有司马，不将幽怨诉琵琶。

伊谁情种说神仙，恨海茫茫本孽缘。

笑我风怀半消却，年来参透断肠禅。

闲愁检点付新诗，岁月惊心鬓已丝。

取次花丛懒回顾，休将薄悻怨微之。

咏菊

姹紫嫣红不耐霜，繁华一霎过韶光。

生来未籍东风力，老去能添晚节香。

风里柔条频损绿，花中正色自含黄。

莫言冷淡无知己，曾有渊明为举觞。

李苹香序·京师乐籍说

向读龚璱人《京师乐籍说》，渊渊然忧，涓涓然思曰："乐籍祸人家国，其剧烈有如是欤？"既而披欧籍，猎新理，乃知龚子之说，颇涉影响。曷言之？乐籍之进步，与文明之发达，关系綦切。故考其文明之程度，观于乐籍可知也。时乎文化悴瘁，民智喈窳。虽有乐籍，其势力弱，其进步迟。卑卑之伦，固鲜足齿。若文明发达之国，乐籍棋布，殆遍都邑。杂裾垂髫，目窕心与。游其间者，精神翰爽，体力活泼，开思想之灵窍，辟脑丝之智府。说者疑吾言乎？易观欧洲之法兰西京师巴黎，乐籍之盛为全球冠。宜其民族沉溺于兹，无复高旷之思想矣。乃何以欧洲犹有“欲铸活脑力，当作巴黎游”之谚？兹说兹理，较然甚明，奚俟刺刺为耶！唯我支那文化未进，乐籍之名，魁儒勿道。上海一埠，号称繁华，以视法之小邑，犹莫逮其万一，遑论巴黎！岂野蛮之现象固如是，抑亦提倡之者无其人欤！

友人铄镂十一郎，新撰一小册子，曰《李苹香》，邮函索叙于余。余固未见其书，无自述其内容。第稔李苹香为上海乐籍之卓著者。君撰是册，亦非碌碌因人者。不揣梼昧，摭拾西哲最新之学说，为读是书者告。夫惟大雅，倘亦韪兹说欤！

甲辰春杪，当湖惜霜。

梦

哀游子茕茕其无依兮，在天之涯。惟长夜漫漫而独寐兮，时恍惚以魂驰。梦偃卧摇篮以啼笑兮，似婴儿时。母食我甘酪与粉饵兮，父衣我以彩衣。

哀游子怆怆而自怜兮，吊形影悲。惟长夜漫漫而独寐兮，时恍惚以魂驰。梦挥泪出门辞父母兮，叹生别离。父语我眠食宜珍重兮，母语我以早归。月落乌啼，梦影依稀，往事知不知？汩半生哀乐之长逝兮，感亲之恩其永垂。

金缕曲·将之日本，留别祖国并呈同学诸子

披发佯狂走。莽中原，暮鸦啼彻，几株衰柳。破碎河山谁收拾？零落西风依旧。便惹得离人消瘦。行矣临流重太息，说相思，刻骨双红豆。愁黯黯，浓于酒。

漾情不断淞波溜。恨年来、絮飘萍泊，遮难回首。二十文章惊海

内，毕竟空谈何有？听匣底苍龙狂吼。长夜凄风眠不得，度群生那惜心肝剖？是祖国，忍辜负！

满江红·民国肇造，填此志感

皎皎昆仑，山顶月，有人长啸。看囊底，宝刀如雪，恩仇多少。双手裂开鼷鼠胆，寸金铸出民权脑。算此生不负是男儿，头颅好。

荆轲墓，咸阳道；聂政死，尸骸暴。尽大江东去，余情还绕。魂魄化成精卫鸟，血花溅作红心草。看从今，一担好山河，英雄造。

音乐小杂志序

闲庭春浅，疏梅半开。朝曦上衣，软风入媚。流莺三五，隔树乱啼；乳燕一双，依人学语。上下宛转，有若互答。其音清脆，悦魄荡心。若夫萧辰告悴，百草不芳。寒蛩泣霜，杜鹃啼血，疏砧落叶，夜雨鸣鸡。闻者为之不欢，离人于焉陨涕。又若登高山，临巨流，海鸟长啼，天风振袖，奔涛怒吼，更相逐搏，砰磅訇磕，谷震山鸣，懦夫丧魄而不前，壮士奋袂以兴起。呜呼，声音之道，感人深矣！唯彼声音，会出天然，若夫人为，顾有音乐，天人异趣，效用靡殊。

繄夫音乐，肇自古初。史家所闻，实祖印度。埃及传之，稍事制作。逮及希腊，乃有定名，道以著矣。自是而降，代有作者。流派灼彰，新理泉达。瑰伟卓绝，突轶前贤。迄于今兹，发达益烈。云瀚水涌，一泻千里。欧美风靡，亚东景从。盖琢磨道德，促社会之健全；陶冶性情，感精神之粹美。效用之力，宁有极欤！

乙巳十月，同人议创《美术杂志》，音乐隶焉。乃规模粗具，风潮突起。同人星散，瓦解势成。不佞留滞东京，索居寡侣。重食前说，负疚何如？爰以个人绵力，先刊《音乐小杂志》，饷我学界，期年二册，春秋刊行。蠡测莛撞，矢口惭讷。大雅宏达，不弃孤陋，有以启之，所深幸也。

呜呼，沈沈乐界，眷予情其信芳。寂寂家山，独抑郁而谁语？矧夫湘灵瑟渺，凄凉帝子之魂；故国天寒，呜咽山阳之笛。《春灯》《燕子》，可怜几树斜阳；《玉树后庭》，愁对一钩新月。望凉风于天末，吹参差其谁思？冥想前尘，辄为怅惘。旅楼一角，长夜如年。援笔未终，灯昏欲泣。

时丙午正月三日。

隋堤柳

甚西风吹醒隋堤衰柳，江山非旧。只风景依稀，凄凉时候。零星旧梦半沉浮，说阅尽兴亡，遮难回首。昔日珠帘锦幕，有淡烟一抹，纤月盈钩。

剩水残山故国秋。知否，知否，眼底离离麦秀。说甚无情，情丝踠到心头。杜鹃啼血哭神州，海棠有泪伤秋瘦。深愁浅愁难消受，谁家庭院笙歌又。

朝游不忍池

凤泊鸾飘有所思，出门怅惘欲何之。

晓星三五明到眼，残月一痕纤似眉。

秋草黄枯蒿菖国，紫薇红湿水仙祠。

小桥独立了无语，瞥见林梢升曙曦。

茶花女遗事演后感赋

东邻有女背伛偻，西邻有女犹含羞。

螺蛄宁识春与秋，金莲鞋子玉搔头。

拆度众生成佛果，为现歌台说法身。

孟旗不作吾道绝，中原滚地皆胡尘。

题丁慕琴绘黛玉葬花图

收拾残红意自勤，携锄替筑百花坟。

玉钩斜畔隋家冢，一样千秋冷夕曛。

飘零何事怨春归，九十韶光花自飞。

寄语芳魂莫惆怅，美人香草好相依。

西湖夜游记

壬子七月，余重来杭州，客师范学舍。残暑未歇，庭树肇秋，高楼当风，竟夕寂坐。越六日，偕姜夏二先生游西湖。于时晚晖落红，暮山被紫，游众星散，流萤出林。湖岸风来，轻裾致爽。乃入湖上某亭，命治茗具。又有菱芰，陈粲盈几。短童侍坐，狂客披襟，申眉高谈，乐说旧事。庄谐杂作，继以长啸，林乌惊飞，残灯不华。起视明湖，莹然一碧。远峰苍苍，若现若隐，颇涉遐想，因忆旧游。曩岁来杭，故旧交集，文于耀斋，田于毅侯，时相过从，辄饮湖上。岁月如流，倏逾九稔。生者流离，逝者不作，坠欢莫拾，酒痕在衣。刘孝标云："魂魄一去，将同秋草。"吾生渺茫，可怅然感矣。漏下三箭，秉烛言归。星辰在天，万籁俱寂，野火暗暗，疑似青磷；垂杨沉沉，有如酣睡。归来篝灯，斗室无寐，秋声如雨，我劳如何？目瞑意倦，濡笔记之。

201

忆儿时

春去秋来，岁月如流，游子伤漂泊。

回忆儿时，家居嬉戏，光景宛如昨。

茅屋三椽，老梅一树，树底迷藏捉。

高枝啼鸟，小川游鱼，曾把闲情托。

儿时欢乐，斯乐不可作。

儿时欢乐，斯乐不可作。

送别

长亭外，古道边，芳草碧连天。晚风拂柳笛声残，夕阳山外山。

天之涯，地之角，知交半零落。一瓢浊酒尽余欢，今宵别梦寒。

西湖

看明湖一碧，六桥锁烟水。塔影参差，有画船自来去。垂杨柳两行，绿染长堤。飏晴风，又笛韵悠扬起。

看青山四围，高峰南北齐。山色自空濛，有竹木媚幽姿。探古洞烟霞，翠朴须眉。霭暮雨，又钟声林外起。

大好湖山如此，独擅天然美。明湖碧无际，又青山绿作堆。漾晴光潋滟，带雨色幽奇。靓妆比西子，尽浓淡总相宜。

早秋

十里明湖一叶舟，城南烟月水西楼。几许秋容娇欲流，隔着垂杨柳。

远山明净眉尖瘦，闲云飘忽罗纹皱。天末凉风送早秋，秋花点点头。

202

初夜

眉月一弯夜三更，画屏深处宝鸭篆烟青。

唧唧唧唧，唧唧唧唧，秋虫绕砌鸣。小簟凉多睡味清。

题梦仙花卉横幅

梦仙大姊，幼学于王韬园先辈，能文章诗词。又就灵鹣京卿学，画宗七芗家法，而能得其神韵，时人以出蓝誉之。是画作于庚子九月，时余方奉母居城南草堂。花晨月夕，母辄招大姊说诗评画，引以为乐。大姊多病，母为治药饵，视之如己出。壬寅荷花生日大姊逝越三年乙巳，母亦弃养。余乃亡命海外，放浪无赖。回忆曩日，家庭之乐，唱和之雅，恍惚殆若隔世矣。今岁幻园姻兄示此幅，索为题辞。余恫逝者之不作，悲生人之多艰。聊赋短什。以志哀思。

> 人生如梦耳，哀乐到心头。
>
> 洒剩两行泪，吟成一夕秋。
>
> 慈云渺天末，明月下南楼。
>
> 寿世无长物，丹青片羽留。

【作者原注】

"慈云渺天末，明月下南楼"——今春过城南草堂旧址，楼台杨柳大半荒芜矣。

玉连环影·为丐尊题小梅花屋图

屋老，一树梅花小。

住个诗人，添个新诗料。

爱清闲，爱天然。城外西湖，湖上有青山。

题陈师曾荷花小幅

师曾画荷花，昔藏余家。癸丑之秋，以贻听泉先生同学。今再展玩，为缀小词。时余将入山坐禅。慧业云云，以美荷花，亦以是自勖也。丙辰寒露。

一花一叶，孤芳致洁。昏波不染，成就慧业。

废墟

看一片平芜，家家衰草迷残础。玉砌雕栏溯往昔，影事难寻觅。千古繁华，歌休舞歇，剩有寒蛩泣。

春游

春风吹面薄于纱，春人装束淡于画。

游春人在画中行，万花飞舞春人下。

梨花淡白菜花黄，柳花委地芥花香。

莺啼陌上人归去，花外疏钟送夕阳。

月夜

纤云四卷银河净，梧叶萧疏摇月影。剪径凉风阵阵紧，暮鸦栖止未定。万里空明人意静。呀！是何处，敲彻玉磬。一声声清越度幽岭。呀！是何处，声相酬应，是孤雁寒砧并。想此时此际幽人应独醒，倚栏风冷。

落花

纷，纷，纷，纷，纷，纷……

惟落花委地无言兮，化作泥尘。

寂，寂，寂，寂，寂，寂……

何春光长逝不归兮，永绝消息。

忆春风之日暄，芬菲菲以争妍。

既垂荣以发秀，攸节易而时迁，春残。

览落红之辞枝兮，伤花事其阑珊，已矣！

春秋其代序以递嬗兮，俯念迟暮。

荣枯不须臾，盛衰有常数！

人生之浮年若朝露兮，泉壤兴衰。

朱华易消歇，青春不再来。

月

仰碧空明明，朗月悬太清。

瞰下界扰扰，尘欲迷中道。

唯愿灵光普万方，荡涤垢滓扬芬芳。

虚渺无极，圣洁神秘，灵光常仰望。

仰碧空明明，朗月悬太清。

瞰下界暗暗，世路多愁叹。

唯愿灵光普万方，披除痛苦散清凉。

虚渺无极，圣洁神秘，灵光常仰望。

晚钟

大地沉沉落日眠，平墟漠漠晚烟残。

幽鸟不鸣暮色起，万籁俱寂丛林寒。

浩荡飘风起天杪，摇曳钟声出尘表。

绵绵灵响彻心弦，幽幽幽思凝冥杳。

众生病苦谁扶持？尘网颠倒泥涂污。

惟神悯恤敷大德，拯吾罪恶成正觉。

誓心稽首永皈依，瞑瞑入定陈虔祈。

倏忽光明烛太虚，云端仿佛天门破；

庄严七宝迷氤氲，瑶华翠羽垂缤纷。

浴灵光兮朝圣真，拜手承神恩。

仰天衢兮瞻慈云，忽现忽若隐。

钟声沉暮天，神恩永存在。

神之恩，大无外。

清凉

清凉月，月到天心，光明殊皎洁。今唱清凉歌，心地光明一笑呵。清凉风，凉风解愠，暑气已无踪。今唱清凉歌，热恼消除万物和。清凉水，清水一渠，涤荡诸污秽。今唱清凉歌，身心无垢乐如何。清凉，清凉，无上，究竟，真常。

山色

近观山色苍然青，其色如蓝。远观山色郁然翠，如蓝成靛。山色非变，山色如故，目力有长短。由近渐远，易青为翠，自远渐近，易翠为青。时常更换，是由缘会。幻相现前，非唯翠幻，而青亦幻。是幻，是幻，万法皆然。

李叔同信札精选

处世六宜

（一）宜重卫生，俾免中途辍学（习音乐者，非身体健壮之人不易进步。专运动五指及脑，他处不运动则易致疾。故每日宜为适当之休息及应有之娱乐，适度之运动。又宜早眠早起，食后宜休息一小时，不可即弹琴）。

（二）宜慎出场演奏，免人之忌妒（能不演奏最妥，抱璞而藏，君子之行也）。

（三）宜慎交游，免生无谓之是非（留学界品类尤杂，最宜谨慎）。

（四）勿躐等急进（吾人求学须从常规，循序渐进，欲速则不达矣）。

（五）勿心浮气躁（学稍有得，即深自矜夸；或学而不进——此种境界他日有之，即生厌烦心，或抱悲观，皆不可。必须心气平定，不急进，不同断。日久自有适当之成绩）。

（六）宜信仰宗教，求精神上之安乐（据余一人之所见，确系如此，未知君以为如何？）

注：本文系弘一大师于1916年写给弟子刘质平的信件，标题系编者所加。

一心念佛，我执自消

所谓我执者，即《圆觉》所云"妄认四大为自身相，六尘缘影为自心相"是也。《识论》卷一，言之甚详。请披寻《唯识心要》卷一第十六页至廿八页止。计八页中灵峰述辞，至为精确，幸详味之。又依《大乘止观》中所云："若断我执，须分别性中，止行成就。"请检《大乘心观释要》卷五第五六七页阅之。而《占察义疏》卷六第十七、十八页灵峰疏文，即依《大乘止观》会合。希彼此互参研寻，最易了解。此外，如《灵峰宗论》第二册中，亦常常言之。并望披览。

窃谓吾人办道，能伏我执，已甚不易，何况断除。故莲池大师云："当今之世，未有能认初果者。夫初果，仅能断见惑，已不可得，遑论其他。"彻悟禅师云："但断见惑，如断四十里流，况思惑乎？"故竖出三界，甚难甚难。若持名念佛，横出三界，校之竖出者，不亦省力乎？蕅益大师亦云"尤始妄认有己，何尝实有己哉。或未顿悟，亦不必作意求悟。但专戒净戒，求生净上，功深力到，现前当来，必悟无己之体。悟无己，即见佛，即成佛矣。"又云："倘不能真心信入，亦不必别起疑情。更不必错了承当。只深信持戒念佛，自暮地信去。"由是观之，吾人专修净业，不必如彼禅教中人，专恃己力，作意求破我执。若一心念佛，获证三昧，我执自尔消除。较彼禅教中人专恃己力竖出上界者，其难易，奚啻天渊那！（若现身三昧未成，生品不高，当来见佛闻法时，见惑即断。但得见弥陀，何愁不开悟。《无量寿经》四十八愿中有云："设我得佛，国中天人，若起想念贪计身者，不取正觉。"诚言如此，所宜深信）。但众生根器不一，有宜一门深入者，有应兼修他行者，所宜各自量度，未可妄效他人。随分随力，因病下药，庶乎其不差耳。余比来久疏教典，未暇一一检寻详委奉答。姑即所见，略述如是。

注：本文系弘一大师写给邓寒香的信件，标题系编者所加。

关于饮食之建议

奉若居士澄览：

关于食物之事，略陈拙见如下，乞为转陈执务者，为感！

依律，食物亦名曰药，以其能调和四大，令获康健，俾能精进办道。但贪嗜甘美之物，律所深呵。常食昂价之品，尤为失福。故以价廉而适于卫生之物最为合宜也。

豆类，含有蛋白质，为最重要之滋养品。但亦不能多食，多食则不消化（与常人食补药者同，须以少量而每日食之，但不可一次多量，若过量者，反致增疾）。

蔬菜之类，且就本寺现有者言之，菠菜，为菜中之上，含有铁质及四种维他命，为滋补最良之品。

白萝卜（俗称菜头），亦甚能滋补。红萝卜亦然。

白菜，亦甚佳（或白色或绿色皆佳），若芥菜、雪里蕻，则性稍燥，不可常食。

花生，含有油质，食之有益（但不可多食）。

且以拙见言之，菜食一盂之中，约以蔬菜占五分之四，豆类及花生等占五分之一，乃为适宜也。

近来本寺送与朽人之菜食，其中豆类大多，蔬菜太少，未能调和，故陈拙见，以备采拌。

再者，前朽人云，不愿食菜心及冬笋者，因其价昂而不食，非因齿力不足也。菜心与白菜相似，而价昂数倍。冬笋价极昂，西医谓其未含有何种之滋养质也。

又香菇亦不宜为常食品，明莲池大师曾力诫之。

煮豆类、花生及蔬菜之汤，亦不可弃，其中含有多份之滋养料。倘弃其汤，而唯食其质，犹如服中国药者，弃其药汤而唯食其药渣也。

朽人齿力尚健，以刀切蔬菜时，不妨切大块，咀嚼甚易也。

以上种种拙见，乞为执务者讲解其义，令彼了知，至用感谢！谨陈，不宣。

十二月十七日善梦启（1939，永春致林奉若）

注：本文系弘一大师于1936写给林奉若的信件，标题系编者所加。

迎养报恩

丏尊、子恺居士同览：

前日寄奉一函，想已收到。至白马湖后，承夏宅及诸居士辅助一切，甚为感谢。

前者仁等来函，曾云山房若住三人，其经费亦可足用云云，朽人因思现在即迎请弘祥师来此同住。以后朽人每年在外恒旬留数月，则山房之中居住者有时三人、有时二人，其经费当可十分足用也。

仁等于旧历九月月望以后（即阳历十月十七八日以后）来白马湖时，拟请由上海绕道杭州，代朽人迎请弘祥师，偕同由绍兴来白马湖。弘祥师之行李，乞仁等代为照料，至用感谢！迎请弘祥师时，其应注意者如下数则：

（一）仁等往杭州时，宜乘上午火车至闸口，即至闸口虎跑寺访弘祥师，仁等即可居住虎跑寺一宿，次晨，偕同过江，往绍兴。所以欲仁等正午到杭州者，因可令弘祥师于下午收拾行李，俾次晨即可动身。

（二）仁等晤弘祥师时，乞云："今代表弘一师迎请弘祥师往他处闭关用功。其地甚为幽静，诸事无虑，护法之人甚多；但不是寺院，亦不能供养多人，仅能请弘祥师一人往彼处居住，倘有他位法师欲偕往者，一概谢绝。即请弘祥师收拾行李，所有物件皆可带去，明晨即一同动身云云。"

（三）弘祥师倘问："其地在何处？"仁等可答云："现在无须问，明日到时便知。"其余凡有所问，皆不必明答。朽人之意，不欲向他僧众传扬此事，因恐他信众倘有来白马湖访问者，招待对付之事甚为困难，故不欲发表住处之地址也。

（四）并乞仁等告知弘祥师云："此次动身他往，不必告知弘伞师。"恐弘伞师挽留，反多周折也。

（五）朽人自昔以来，凡信佛法、出家、拜师傅等，皆弘祥师为之指导一切，受恩甚深，无以为报，今由仁等发起建此山房，故欲迎养，聊报恩德于万一也。弘祥师所有钱财无多，其由闸口至白马湖种种费用，皆乞仁等惠施，感同身受。

（六）朽人有谢客启，附奉上一纸，托弘祥师代送虎跑库房，令众传观。

以上所陈诸琐碎事，皆乞鉴察；种种费神，感谢无尽。再者，朽人于今者，已与苏居士约定，于晚秋冬初之时，往福建一行。故拟于阴历九月底即往上海，或小住数日，或即乘船而行，并乞仁等便中代为询问：太古公司往厦门及往福州之轮船，其开行之时间是否有一定之规例？（如宁波船决定五时开，长江船决定半夜开之例。此所询问者为时间，非是日期，因日期可阅报纸也。）琐陈草草，不宣。

十月三日演音上

注：本文系弘一大师写给夏丏尊、丰子恺的信。

图书在版编目（CIP）数据

从容淡定过一生：李叔同传 + 人生哲学 / 谢坤柔，
蜀倩编著 . -- 北京：中国华侨出版社，2019.9（2024.3 重印）
　ISBN 978-7-5113-7896-5

　Ⅰ . ①从… Ⅱ . ①谢… ②蜀… Ⅲ . ①李叔同
（1880-1942）—传记 ② 李叔同（1880-1942）—人生哲学
Ⅳ . ① B949.92

中国版本图书馆 CIP 数据核字（2019）第 116512 号

从容淡定过一生：李叔同传 + 人生哲学

编　　著：谢坤柔　蜀　倩
责任编辑：刘晓燕
封面设计：冬　凡
美术编辑：刘欣梅
图片提供：摄图网
经　　销：新华书店
开　　本：880mm×1230mm　1/32 开　印张：7　字数：161 千字
印　　刷：三河市燕春印务有限公司
版　　次：2019 年 9 月第 1 版
印　　次：2024 年 3 月第 7 次印刷
书　　号：ISBN 978-7-5113-7896-5
定　　价：36.00 元

中国华侨出版社　北京市朝阳区西坝河东里 77 号楼底商 5 号　邮编：100028
发 行 部：（010）88893001　　传　真：（010）62707370

如果发现印装质量问题，影响阅读，请与印刷厂联系调换。